Wir sind,
da wir in Gottes Bewusstsein sind.

Schöpfung als Bewusstsein Gottes.

Einsicht, Gedanken und Thesen.

Ein persönliches Vorwort.

Philosophisch-theologische Gedanken beschäftigen mich seit meiner Jugend. Ein Studium in dieser Hinsicht wäre sicherlich in Frage gekommen. Aber letztlich habe ich mich lebenspraktischer Weise anders entschieden.

So bin ich auf diesem Gebiet ein Selbstdenker, aber auch ein Autodidakt geblieben, der alles nebenbei aufgesogen hat, was sich so anbot.

Immer aber habe ich in meinem Leben, so knapp die Zeit auch war, die mir dazu zur Verfügung stand, meine Gedanken notiert und in einer solch skizzenhaften Weise festgehalten, dass ich oft genug Schwierigkeiten hatte, nach einer Zeit der Nichtbeachtung noch zu verstehen, wie sie gemeint waren.

Jetzt aber, wo ich mehr Zeit habe, und mir auch den Luxus eines Colloquiums bei Prof. Dr. Jörg Splett in Frankfurt, St. Georgen, an der philosophisch-theologischen Hochschule der Jesuiten erlaube, fangen sie mich wieder ein, und ich habe begonnen, sie aufzuschreiben. Hieraus sind die folgenden Seiten entstanden, auf denen ich eine Gedankenwelt festhalte, die mich selbst überrascht hat.

Ulrich Bohle

Alles, was aufgedeckt ist, wird vom Licht erleuchtet. Alles Erleuchtete aber ist Licht.
Eph 5,13-14

Und alle Menschen werden das Heil sehen, das von Gott kommt.
Lk 3,6

Sind wir wirklich, oder sind wir (nur) Bewusstsein Gottes?
Was wäre der Unterschied?

Beides trifft zu. Wir sind wirklich im Bewusstsein Gottes.

Ich bin.
Aber ich bin (nur), da ich im Bewusstsein eines Größeren bin - jemandes, der immer schon ist und sein wird. Er hat mich vor-gesehen.

Gott ist. Nur deshalb konnte ich werden und sein.
Ich bin, weil Gott ist.
Ich bin, weil Gott so ist wie er ist.
Und ich bin noch nicht so, wie Gott will, dass ich sei.

Impressum

Bibliografische Information der Deutschen Nationalbibliothek:
Die Deutsche Nationalbibliothek verzeichnet diese Publikation
in der Deutschen Nationalbibliografie; detaillierte bibliografische
Daten sind im Internet über http://dnb.dnb.de abrufbar.

© 2015 Ulrich Bohle

Herstellung und Verlag: BoD – Books on Demand, Norderstedt

ISBN: 9783738645965

Inhaltsverzeichnis

Kapitel 1

Bewusstsein; Person; Identität

- S. 7 Iteration des Bewusstseins
- S. 11 Evolutionäre Entwicklung des Bewusstseins
- S. 14 Der Mensch als „leibhaftiges" Bewusstsein
- S. 17 Selbstbewusstsein
- S. 22 Das Ich der Person
- S. 24 Allein kann nichts sein
- S. 27 Eine Analogie: Die physikalische, die menschliche und die göttliche Dreieinigkeit.
- S. 31 Person und Identität
- S. 35 Wie kann man sein Sein zu höherem Sein „bewegen"?
- S. 37 Wir sind uns selbst gegeben worden.
- S. 42 Eine Physik des Bewusstseins
- S. 46 Bewusstsein und Unbewusstsein
- S. 48 Das Privateste ist das Universellste. Denn es ist in jedem Menschen.
- S. 52 Vorfindung im Bewusstsein
- S. 55 Piktogramm des Bewusstseins
- S. 57 Bewusstsein und Wirklichkeit
- S. 59 Wenn wir etwas sehen: Was wissen wir dann, und was wissen wir nicht?
- S. 61 Original und Spiegel. Die Welt als Spiegelbild.
- S. 65 Das Original setzt einen Urheber voraus.
- S. 70 Gott hat den Menschen mit Bewusstsein ausgestattet. Damit hat der Mensch eine eigene Welt.

Kapitel 2

S. 74 Alles Sein außer Gott ist Bewusstsein Gottes.
S. 82 Konsequenzen (Gottesbeweis, Gottähnlichkeit, Menschwerdung, Eucharistie, Schöpfer und Geschöpf)
S. 85 Ich erkannte, dass ich erkannt worden bin, und dass ich genau deshalb bin.
S .89 Sein und Bewusstsein. Sein und Geist.
S. 97 Schöpfung als Bewusstsein Gottes
S. 103 Bewusstseinskonflikte
S. 106 Konsequenzen für die „reale" Welt
S. 113 Entstehung des Menschen, des Volkes Gottes als Schöpfung in seinem Bewusstsein
S. 119 Böses im Bewusstsein Gottes?
S. 133 Körperlichkeit und Geistigkeit
S. 134 Bewusstsein aus Materie?
S. 148 Erkennen innerhalb der Dimensionsstufen der Welt
S. 152 Nachdenken über Gott
S. 159 Das Sein als Bewusstsein Gottes
S. 164 Vorher-gesehen
S. 172 Die Schöpfung als Drama im Bewusstsein Gottes

S. 180 Zusammenfassung

Kapitel 1

Bewusstsein; Person; Identität

Iteration des Bewusstseins.

Ich bin in der Nacht vom Schlaf aufgewacht, liege auf der Seite und höre meinen Herzschlag.

Wenn ich nur das Gehör hätte, und sonst keine Sinneserfahrung besäße, wüsste ich dann, dass ich bin und lebe?

Das Gehörte muss mir bewusst werden.

Was höre ich?
Ich höre ein regelmäßiges, periodisches Pochen.
Höre ich mich, oder etwas anderes?

Wenn ich mich bewusst höre, dann bin ich.

Wer hört? Mein Ohr hört doch nicht. Es ist in meinem Gehirn, in meinem Kopf. Der akustische Schall wird in elektrische Signale in den Nervenbahnen gewandelt. Hören also die Nerven? Das kann es nicht sein.
Es ist doch ein Bewusstsein, das mir sagt: Ich höre den Herzschlag. Ich höre den Puls. Er ist mir bewusst.

Was ist das Bewusstsein? Es ist doch nicht das Gehör das Bewusstsein, welches hört. Und es ist doch nicht der Puls das Bewusstsein. Nein, dass ich höre, sagt mir

etwas anderes. Wer sagt es mir? -- Mein Bewusstsein.
Ich sage es mir.
Wem sagt es das Bewusstsein? -- Mir.
Ich bin.

Wer bin ich? Bin ich mein Bewusstsein?
Nein -- Ich habe Bewusstsein.

Ich bin bewusstes Sein, dem sein eigenes Sein und anderes Sein bewusst ist, oder eingeschränkt, bewusst sein kann. Denn es ist mir nicht immer alles bewusst.

Das Bewusstsein ist sich des Bewusstseins bewusst.

Bewusstsein und Selbstbewusstsein.

Ich habe eine selbstreflektorische Beziehung zu mir, die mir sagt, dass ich bin, dass ich selbst bin. Ich weiß von mir. Selbst wenn ich träumen würde, wüsste ich, dass ich bin. Denn Träumen ist ein irrealer Bewusstseinszustand meines realen Ich.
Cogito. Sum. – Ich denke. Ich bin.

Ein Etwas, dem etwas bewusst ist, das sich selbst bewusst ist, ist eine Person, -- und damit nicht ein Etwas, sondern ein Jemand, ein Ich, ein Du.

Denn jede Person ist nicht nur ein Ich, sondern ist auch ein Du. Niemand ist allein. Wir sind ein Du für unser Du, unser Gegenüber, für unseren Nächsten.
Die vielen Du, die ich kenne, ist jeder ein Ich, und jeder dieser Ich hat mich als Du.

Wenn ich ein Reh wäre, wäre ich ohne dieses Selbst-Bewusstsein. Ein Reh weiß nichts von sich.

Das Reh ist in meinem Bewusstsein, wenn ich es sehe. Und da ich es gesehen habe, weiß ich, dass es Rehe gibt, auch wenn ich keine Rehe sehe. Ebenso ist es mit der Rose, und mit dem Gras, und mit den Ameisen, um nur Beispiele aus meiner Umgebung zu nennen, wenn ich im Garten sitze.

Alles dies, was selbst nichts von sich weiß, ist in meinem Bewusstsein. Alles dies ist. Da ist noch viel mehr, was ist, und nicht in meinem Bewusstsein ist, aber sein könnte.

Wenn es kein Bewusstsein gibt, ist nichts?
Wir werden darüber nachdenken.

Sich selbst bewusstes Sein, personales Sein, kann unbewusstes Sein erkennen, erleben, erfahren. Und es kann auch sich selbst bewusstes anderes Sein als das eigene Sein ebenfalls erfahren, also andere Personen.

Das Bewusstsein und das Selbstbewusstsein als wesentliche Bestandteile (Substanz, Washeit) der Person, des Ich und des Du, sind von geistiger Natur. Es sind die Träger, Übersetzer, Überbringer, Möglichmacher, die notwendigen Mittel und Mittler von Freiheit, die den Menschen steuern.

Sie steuern durch Wahrnehmung, Bewertung und Handlung, in Aktion und Reaktion. Sie steuern durch Vernunft, durch denken, erkennen, beurteilen, entscheiden.

Bewusstsein bedeutet den Besitz von kognitiven Fähigkeiten, Gehirnleistungsfähigkeiten, geistigen Fähigkeiten, von konkretem und abstraktem Denken.

Bewusstsein ist in Aufmerksamkeit und geistiger Wachheit darauf aus, Erkenntnis zu gewinnen und entsprechend zu reagieren, und dabei Vergangenes, Gegenwärtiges und Zukünftiges zu berücksichtigen.

Man ist sich etwas bewusst, und das heißt: Man weiß, was man tut.

Es ist die eigene Vorstellungskraft, die das Sein begrenzt.

Bewusstsein, bewusstes Sein ist begleitet von Emotionen.

Sie vermitteln das Bewusstsein der Freude des Lebens, aber auch des Schmerzes und der Trauer am und im Leben. Sie sind die Begleiter von Glück und Zuneigung, von Freundschaft und Liebe, aber auch von Krankheit und Tod, von Glaube und Hoffnung, von Misstrauen und Zweifel, und vieles anderes mehr. Wir müssen es nicht beschreiben. Jeder weiß es.

Das Bewusstsein des Menschen ist auf Glück aus, und gleichzeitig damit beschäftigt, Unglück zu verhindern, wohl wissend, dass es jederzeit in unserer vielfältigen Abhängigkeit dennoch geschehen kann.

Emotionen begleiten und führen unser Alltags-Leben und unser Wunsch- und Ziel-Leben. Die lust- und leidvollen Gedanken, die Abenteuer, die Freuden und

Ängste des Lebens treiben uns in jedem Alter, vom Kind bis zum Greis. Die Ästhetik als Bewusstsein des Schönen, das Bewusstsein von Gut und Böse und das Verlangen nach Wahrheit bedeuten Motivation für die Entwicklung von Zivilisation und Kultur. Sie treiben den Menschen an zu den Wissenschaften, den Natur- und Geisteswissenschaften, sie formulieren Weltanschauungen, Religionen, Ideologien und begleiten den Menschen in Glaube, Hoffnung und Liebe, und, und, – ein unglaublicher Reichtum an Möglichkeiten und Seinsfülle.

Es ist Geist im Menschen.

Evolutionäre Entwicklung des Bewusstseins.

Ein Tier lebt instinktiv. Es kann nicht bewusst handeln. Der Mensch entwickelt Bewusstsein, und damit handelt er zunehmend bewusst und weniger instinktiv.

Bewusstseinsentwicklung findet im Verlaufe der Entwicklungsgeschichte des Menschen nach und nach statt. Diese Entwicklung ist auch heute noch fortdauernd. Wir sollten nicht annehmen, dass das durchschnittliche Bewusstsein des heutigen Menschen eine höchstmögliche Leistungsfähigkeit erreicht hat. Wie alle Talente ist es in unterschiedlicher Weise auf die Individuen verteilt.

Zwischen instinktivem Bewusstsein und Selbstbewusstsein liegen viele Schattierungen und

Zwischenzustände. Auch der selbstbewusste Mensch handelt vielfach instinktiv, unbewusst. Er kann aber jederzeit in den selbstbewussten Zustand wechseln.

Alle lebendigen Wesen befinden sich innerhalb dieser Entwicklung vom instinktiven zum selbstbewussten Bewusstsein.

Das unterste, einfachste Tier, die unterste Stufe des Lebens ist nur Instinkt, ist vegetativ automatisch, organische Robotik.

Ein höchster Mensch, ein vollkommener Mensch, wäre idealer Weise nur Geist, ohne den irdischen, automatischen Körper, ohne das organische Leben, ohne die Materie.

Ist der Mensch auf dem Wege dahin?

Zur höchsten Stufe benötigen wir die Wandlung, die Transformation, den Körperverlust, die Körperaufgabe.

Ganz oben ist Gott. Gott ist aber außerhalb dieser Bewegung. Er ist der Schöpfer dieser Bewegung.

Vom Bewusstsein zum Selbstbewusstsein.

Das Selbstbewusstsein ist eine Steigerung der Fähigkeit des Bewusstseins.

Eine erste Steigerung ist das Bewusstsein des Menschen seiner selbst. Eine zweite Steigerung ist das Bewusstsein seines Bewusstseins, die iterative Annäherung durch Anwendung identischer Prozesse.

Nach der zweiten Steigerung, des Bewusstwerdens (Sichtbarwerdens) der Fähigkeit, des Ausgestattetseins mit dem Selbstbewusstsein (Sichtbarwerden-Könnens) steht der Mensch vor dem gewaltigen Rätsel, oder dem Wunder seines Seins und seines Soseins.

Der Mensch ist sich seiner selbst, in seiner Größe und Einmaligkeit, bewusst geworden.
Daraus erwächst Erstaunen.

Der Mensch wird sich der Frage nach dem Ursprung dieses wunderbaren Geschehens und Geschenks bewusst.

Damit Hand in Hand geht auch die Erkenntnis der Möglichkeit von Freiheit, und auch die herausfordernde Fragestellung, was ein solches Wesen machen soll, und für was ein solches Wesen bereit sein soll?

Gott schafft den Menschen, ist das eine.
Das andere ist der Mensch, der von der Einsicht in sein Sein (dass er ist und wie er ist), und von den daraus resultierenden Fragen nach seiner Herkunft, nach Gott und Schöpfer, nach Wahrheit und Sinn des Daseins, wie vom Blitz getroffen wird.

Der Mensch als „leib-haftiges" Bewusstsein.
Wir sind Geist, der Gestalt angenommen hat.

Sich selbst bewusstes Sein, personales Bewusstsein ist an Materielles gebunden, angebunden.

Dieser materielle Bewusstseinsträger, - vermittler, - ermöglicher, zeichnet sich durch spezifische Strukturen aus. Diese sind offenbar notwendig, um die Geistigkeit, also Immaterielles, in die Körperlichkeit der Welt zu tragen bzw. zu übersetzen. Das Personsein mit der Auszeichnung als Selbstbewusstseinsträger bedeutet eine Verknüpfung von Körper und Geist.

Neurologische Untersuchungen zeigen, dass geistige Aktivitäten bestimmten Hirnarealen zuzuordnen sind, welche im Betätigungsfall mit entsprechend intensiven Durchblutungen reagieren.

Durchblutung bedeutet Energiezufuhr, höhere Versorgung wegen höheren Verbrauchs. Dies ist ein allgemeines körperliches Phänomen. Außerordentliche Leistungen benötigen außerordentliche Strukturen und die entsprechende Versorgung der Strukturen im Bedarfsfall. Auf diese Weise können bei einzelnen Personen Leistungen möglich werden, die in der Durchschnittsbetrachtung der Menschheit nicht vorhanden sind. Dies ist auch die Methode evolutionärer Entwicklung. Besondere Leistungsmerkmale setzen sich durch Vererbung über lange Zeiträume in der Menschheit insgesamt durch, weil sie Vorteile verschaffen.

Ist in der Geschichte der Evolution das Bewusstsein plötzlich erschienen? Als Ereignis?
Hat es sich nicht vielmehr in Stufen und über lange Zeiträume in den Lebewesen entwickelt?
Ist nicht die Entwicklung des Bewusstseins ein Prozess?
Ist nicht daraus zu schließen, dass sich das Selbstbewusstsein weiter entwickeln wird, in den Menschen?
Wo wird dies noch hinführen?
Müsste es nicht ein vollkommenes Bewusstsein geben, das größer nicht sein könnte?
Was zeichnet denn das höhere Bewusstsein gegenüber dem niedrigeren Bewusstsein aus?

Das Bewusstsein ist nicht das Gehör, und nicht die elektrische Nervenbahn, aber auch nicht das Gehirn. Es ist nicht etwas Materielles.
Was ist denn das Bewusstsein selbst?
Offenbar ist es doch.
Ist es unbedingt?

Es ist Geist.
Es gibt den Geist.
Der Geist weht überall.
Er steht überall an.
Man kann den Geist nicht auslöschen.

Je stärker und leistungsfähiger das Bewusstsein, umso mehr erkennt der Mensch die Zusammenhänge.

Das Bewusstsein eines Menschen ist also abhängig von seiner körperlichen Konstitution bezüglich der Leistungsfähigkeit seiner Übertragungsglieder vom

Geistigen ins körperlich Materielle. Der Geist von außerhalb überträgt sich zum Geist einer Person.

Der Geist als die Quelle des Bewusstseins steht dem Menschen theoretisch unbegrenzt zur Verfügung. Es ist die Übertragungsmöglichkeit, und damit die Aneignungsfähigkeit des Menschen in Bezug auf den Geist, die die Grenzen setzt. Je umfangreicher die neuronalen Strukturen des menschlichen Körpers, umso reicher werden die Möglichkeiten des Bewusstseins.

Anthropologisch entwickelt sich der menschliche Geist, das menschliche Bewusstsein, durch die Entwicklung der neuronalen Strukturen, die der Geist benötigt, um im menschlichen Körper virulent zu werden. Strukturen entwickeln sich evolutionär im Gebrauch, wenn sie sich als nützlich erweisen für das Überleben.

Die Entwicklung des Bewusstseins des Menschen führt zur Evidenz des Geistes außerhalb des Menschen, dessen Fülle sich dem Menschen aufdrängt und in ihn hineindrängt, um ihn zu bereichern.

Die Wirkung des Geistes ist auch, dass man ihn erkennt: Die Selbstoffenbarung des Geistes.
Man benötigt den Geist, um den Geist zu erkennen.
Der Geist schlägt sich nieder im Bewusstsein.

Je reichhaltiger der wahre Geist ist, umso deutlicher wird sein Ursprung. Das ist der positive Geistzirkel. Der Geist führt uns direkt zur Wahrheit. Denn er ist die Wahrheit.

Der Geist Gottes schwebt über den Wassern. Und nicht nur über den Wassern. Und nicht nur zu Zeiten der Genesis. Genesis ist immer noch.
Creatio continua. Ununterbrochene Schöpfung.

Der Geist ist die unmittelbare, medienlose Präsenz Gottes.
Der Geist ist das Medium selbst.
Glauben ist auch ein Geistesakt.

Selbstbewusstsein.

Thomas von Aquin (V Erkenntnis und Wille 151):
Der erkennende Geist aber erkennt sich selbst, und er erkennt auch, dass er erkennt.

Das Selbstbewusstsein als reflektorische Spiegelung.
Die Wahrnehmung eines Wahrnehmenden. Wir nehmen einen anderen als Wahrnehmenden, und vor allem auch als einen uns Wahrnehmenden wahr.
Und: Wir nehmen uns selbst als einen Wahrnehmenden wahr.

Die entscheidende Eigenschaft, die alles überragt, ist unsere Fähigkeit, unser eigenes Bild zu erkennen, uns selbst gewissermaßen von außen zu betrachten, wie in einem Spiegel.
Wir staunen über uns selbst. Dieses Staunen führt aber aus uns heraus.

Das Selbstbewusstsein geht über sich selbst hinaus. Es weist auf ein Äußeres hin.

Selbstbewusstsein besitzen heißt, sich selbst erfahren. Ich erkenne, dass ich ein Seiender bin. Ich erkenne, dass ich in einer Welt bin, und dass in ihr viele andere sind wie ich.

Und mehr noch: Ich vermag mich selbst zu beurteilen und zu bewerten. Ich erkenne, dass in mir ein Wertemaßstab ist, der mich unterscheiden lässt zwischen wertvoll und wertlos, zwischen gut und böse. Und darüber hinaus werde ich aufgefordert, gut zu sein, in dem Sinne, wie der Wertemaßstab in mir es mir sagt.

Ich habe das Vermögen, mich entsprechend zu verhalten, meine Handlungen danach auszurichten, oder es sein zu lassen. Ich bin frei.

Aber es ist auch in mir etwas, das mich vom Guten abhält, denn das weniger Gute ist weniger anstrengend. Ich bin grundsätzlich frei zu handeln, innerhalb meiner immer auch begrenzten Möglichkeiten.

Das Gute ist anspruchsvoll. Es fordert Überwachung und Kontrolle seiner selbst. Das weniger Gute versucht, es mir leicht zu machen, mich gehen und treiben zu lassen.

Ich weiß, dass ich nicht selbstverständlich gut bin, sondern, dass ich gut sein soll.
Wenn ich nicht gut bin, so weiß ich es. Es macht nicht glücklich, es sei denn, man hat es aus seinem Bewusstsein verdrängt und gestrichen.

Woher kommt das Gute, das mich auffordert gut zu sein?
Das Gute spricht zu mir. Es ist eine Person. Sie ist außerhalb und doch auch in mir.

Das Gute bedeutet die Aufrechterhaltung der Ordnung des Seins.
Man kann das Gute vernachlässigen, aber man kann auch das Gute bekämpfen.
Auch dies ist in der Welt: Das Böse, das bewusst Böse.

Was hat das Böse für einen Sinn, wenn es nur zerstört? - Es hat keinen Sinn!
Das Böse ist sinnlos. Deshalb sollte es nicht sein.

Das Böse ist eine Anti-Haltung gegen das Gute. Es neidet dem Guten das Gute.
Es will das Gute und die Quelle des Guten zerstören, aus purer Zerstörungslust aus Neid.
Das Böse weiß, dass es damit selbst zugrunde gehen würde. Aber dies ist ihm gleich.

Der Augenblick des Erwachens des Selbstbewusstseins ist ein Sprung.
Es ist *das* Sprungereignis in der Entwicklung zum Menschen. Mit dem Selbstbewusstsein wird der Mensch Mensch. Es ist der Augenblick, nach dem Philosophie möglich wird. Jedes philosophische Denken ist Bewusstseinsakt, wie jedes bewusste Denken.
Es ist die Folge der Einhauchung des Geistes.

Es ist der Augenblick des Erkennens des Eigenwertes, und damit auch des Wertes anderer, ja des Wertes überhaupt. Der Geist sieht sich selbst und damit sein Potential. Es ist der Augenblick, in dem eine Art Polarisation des Lichts stattfindet, die Gleichausrichtung, das Herausfiltern von Störstrahlung, das Löschen des Rauschens, das Entstehen von Klarheit und Reinheit. Der reine Geist brennt von außen und trifft auf einen Resonanzboden im Menschen.

Das Selbstbewusstsein bedeutet Besitz der Möglichkeit von Erkenntnis über uns selbst.
Selbstbewusstsein ermöglicht, die Fähigkeiten des Bewusstseins auf uns selbst anzuwenden, sich selbst ins Auge zu schauen, die Wahrheit und Wirklichkeit unserer selbst objektiv, ohne Rücksicht auf eigene Empfindlichkeiten, festzustellen. Wer kann das schon wirklich?

Mit dem Selbstbewusstsein ist uns auch die notwendige Voraussetzung gegeben, uns selbst bewusst steuern und verändern zu können, unser Sosein gestalten zu können mit Hilfe der Eigenschaften unseres Soseins, die ein Gestalten erlauben, das heißt der Werkzeuge, die uns zur Verfügung stehen. Und darüber hinaus: Die Werkzeuge weiter zu entwickeln.

Beispiel aus dem Alltag:

„Ich verbiete mir, jetzt zu fahren".
Ich stehe an einer Kreuzung und möchte links abbiegen. Ich hatte nach rechts geblickt und gesehen, dass kein Auto kam. Von links fährt ein Auto vorbei und nimmt mir nach rechts die Sicht. Obwohl ich wusste, dass rechts frei war, und ich fahren wollte, musste ich mich energisch auffordern, nicht zu starten, da ja in der Zwischenzeit auch kurzfristig ein Fahrzeug hätte gekommen sein können.

In mir sind zwei. Ich unterhalte mich mit mir, ja ich befehle mir. Das heißt, die zwei in mir sind hierarchisch gegliedert. Das eine Ich ist kurzfristig orientiert und das höhere Ich ist langfristig, weitsichtig. Das eine ist mehr leichten Sinnes, das andere gewissenhaft.

Die Facetten des Ich. Das Ich äußert sich und überwacht sich.

Das im Leben eines Menschen wachsende Selbstbewusstsein erlaubt nach und nach die Erkenntnis, dass in ihm nicht nur das eigentliche Ich ist, sondern auch ein Mit-Ich. In den frühen Jahren des Lebens ist alles eine nicht auflösbare Einheit, aus der heraus Teile ihre Spezifika und „Eigenartigkeiten" entwickeln. Körper, Geist und Seele formen sich aus.

Die Fähigkeit des Selbstbewusstseins erwächst uns im Verlauf des Lebens, und scheinbar verliert sie sich

wieder mit unserem Ableben. In diesem Leben ist alles nur auf Zeit und in der Zeit.
Oder können wir hoffen, dass dieses unser Ich auch nach unserem Tode bleibt?

Das Ich der Person. Das Ich macht die Person aus.

Es ist etwas Unmittelbares im Menschen.
Etwas, das nicht ausgedehnt ist und zeitlos ist.
Dies ist das Ich, das Ich einer jeden Person.
Das Ich ist die Identität der Person.

Im frühen Leben liegt das Ich in einer Art Schlaf. Zunehmend wird es erweckt durch Eindrücke und Erfahrungen, die über den Körper mittelbar in das Ich gelangen und es im Ich unmittelbar treffen. Das Ich erwacht. Es erkennt sich im Du.

Das Ich ist ein nicht ausgedehnter Ort, mathematisch ein Punkt, der unendlich schnell (ohne Zeitbedarf) mit sich selbst im Gespräch ist und so mit sich in Beziehung stehend sich selbst erfährt und ein Ort innerer Erfahrung bleibt, und zwar in einem Körper, der dadurch sich selbst bewusst ist und lebt. Ein Ich, das sich selbst denkt, ohne Raum und Zeit zu benötigen, und dennoch nur möglich ist in der Mittelbarkeit einer körperlichen Umgebung, eines Organismus. Im Ich konzentriert sich nicht nur das abstrakte Denken, die reine Mathematik, sondern auch die Kommunikation nach innen wie nach außen, die Erfahrung des Ich und des Du und der Welt.

Alle Information von außen kommt von anderen Orten, und die Übertragung zu uns benötigt Zeit. Alle Information gelangt letztlich in uns in einen Zielpunkt der Unmittelbarkeit, in dem ihre Mittelbarkeit in Unmittelbarkeit endet, in unserem Informations- und Geistzentrum. Im Ich ist die Unmittelbarkeit unserer selbst, der Kern unserer Person, dort wo uns der Name, bei dem wir gerufen wurden, identifiziert.

Wir stehen uns dort in einer Unmittelbarkeit zur Verfügung, die nur uns selbst gehört. Es ist der Mittelpunkt unserer Person, der Punkt, in dem Bewusstsein und Un(ter)bewusstsein zusammenfallen. Diese Unterhaltung mit uns können wir bewusst vollziehen; aber sie vollzieht sich immer auch ohne unser bewusstes Veranlassen, eben unbewusst. Diese Unterhaltung mit uns ist lebensnotwendig für unser Menschsein, und sie verleiht uns das Spezifische des Menschseins.

Dieses Ich ist der Ausgangspunkt und der Eingangspunkt einer jeden Beziehung. Sie wird geweckt durch das Erblicken anderer Personen und durch die damit Hand in Hand gehende Erfahrung, erblickt und erkannt worden zu sein.

Beziehungsakte haben ihren Ausgang und ihren Eingang hier: Erfahrung, Erkennen, Glaube, Hoffnung, Liebe, aber auch Furcht, Misstrauen, etc.

Ein unmittelbarer Bewusstseinsakt ist ein Erkenntnisakt eigenen Seins.

Dem vorausgehend ist das Erkennen eines Du einer anderen Person einer nächsten Nähe, die man erkennt, und in diesem Erkennen erkennt, dass man erkannt worden ist. Das Bewusstsein erkennt sich selbst als seiend.
Wir wissen, dass wir sind, da wir erkannt sind.
Der Bewusstseinsakt ist die Voraussetzung zum Freiheitsakt.

Mit dem Selbst-Bewusstsein erkennen wir: wir sind uns gegeben worden. Hieraus strömt nicht nur Freude, sondern auch Dankbarkeit.

Allein kann nichts sein.

Wir erkennen als erstes im Leben das Glück der Mutter, welche uns sieht und lächelt.
Das Lächeln ist der Ausdruck des Glücks. Diese Signalsprache ist in jedem Menschen verankert.
Glück bedeutet für uns Anerkennung. Wir empfinden uns als angenommene Person.
Wir erkennen, indem wir erkannt werden. In dieser Hinsicht sind wir Boten des Glücks.

Wir erkennen Personsein in uns und im Gegenüber: Es ist ein dialogisches Erkennen.
Wir werden beglückend erkannt.
Wir lassen uns erkennen – in leiblicher Vermittlung.

Erkennen beginnt mit einer Signalübertragung - auch das Erkennen Gottes.
Wir erkennen Gott, weil wir von ihm erkannt sind. Wir sind es, die von einem Absoluten erkannt sind. Danach können wir ihn erkennen, ihm glauben. Nur so geht es.

Sehen wir einen Menschen, so erkennen wir nicht nur, dass wir ein solcher sind, aber ein anderer, mit anderer Identität, sondern wir erkennen ein Du, welches in uns ebenfalls ein Du erkennt. Wir werden von ihm erkannt, und wir erkennen uns in ihm, und wir sind zwei und unter uns ist ein gemeinsames Erkennen, ein Erkennen auf Augenhöhe.

Das Erkennen Gottes aber geschieht nicht auf Augenhöhe. Deswegen können wir Gott nur erkennen, wenn wir von ihm erkannt sind, und dies heißt, geschaffen sind.

Wenn man jemandem ins Auge sieht, sieht man nicht nur seine Pupille, sieht man nicht nur in einen Teil seines Gehirns, sondern man sieht, dass man gesehen wird, dass man erkannt wird.

Wir erkennen uns als Erkennende unter vielen, und wir erkennen vieles anderes, das nicht erkennt. Wir sind nicht allein.

Wenn wir einen Baum sehen, erkennen wir, dass wir anders sind.

Wären wir alleine, ohne alles andere, wüssten wir nicht, dass wir sind.

Wenn ich alleine wäre, wäre ich nicht.

Auch Gott wäre nicht, wenn er alleine wäre.
Und ohne Gott wäre nichts.

In Gott sind drei Personen.

Erkennen ist eine Subjekt - Objekt Beziehung.
Eines erkennt, und das andere wird erkannt, und umgekehrt.
Immer aber werden beide erkannt. Denn der Erkennende wird im Erkennen auch vom Erkannten erkannt.

Beide verändern sich durch das wechselseitige Erkennen.
Niemand bleibt unbeeinflusst.

Diese Subjekt – Objekt Beziehung besteht sowohl zu anderen Menschen, von uns nach außen, als auch innerhalb unserer selbst.
Erkennen ist nur möglich in einer Wechselbeziehung.

Eins kann sich nicht erkennen. Erkennen können sich nur zwei.

Es ist nicht möglich, dass eines sich selbst erkennt, denn dies wäre statisch. Erkennen ist aber ein dynamischer Vorgang.

Deshalb zeigt das Selbstbewusstsein, das Sich-selbsterkennen des Erkennenden, dass es in sich zwei vereint.

Das Ich besteht aus zwei.

Nur so gibt es ein Erkennungssubjekt. Und das Objekt des Erkennens, eine Person, ist wiederum selbstreflektierend in sich.

Was aber ist es, das die zwei zusammenhält? Die, die sich selbst spiegeln? Warum sind sie in Selbstspiegelung? Was fesselt sie aneinander? Da muss etwas sein, denn ansonsten gäbe es keinen Grund, dass zwei zusammen blieben.

Wenn also zwei so zusammen sind, dass sie vereint erscheinen, so gibt es ein Drittes, das die Einheit bewirkt. Es ist die Kraft einer Bindung, die Kraft, die die Erkenntnis in der Selbstspiegelung ermöglicht und den Erkenntniszuwachs bewirkt. Dies ist es, was die beiden anzieht: die Erkenntnis, der Wille zur Wahrheit, die Wahrheit selbst, der Geist der Liebe – zur Wahrheit.

Das Ich besteht aus drei.

Eine Analogie: Die physikalische, die menschliche und die göttliche Dreieinigkeit.

Physikalisches Analogon:

Das einfachste Atom ist das H-Atom, das Atom des Wasserstoffs. Es besteht aus dem Atomkern, dem Elektron und wechselwirkenden Kräften. Ohne diese Kräfte würden Kern und Elektron keine Einheit bilden können.

Das Dritte (die Kräfte) sorgt dafür, dass zwei sich finden und binden. Es ist die Kraft der Bindung. Insofern ist das Dritte auch ein Notwendiges. Zwar nicht ein Teil(chen), aber notwendige Bindung. Alle drei sind notwendig für das Eine.

So ist es auch in der menschlichen Person:
In mir sind zwei.

Ich unterhalte mich mit mir.
Ich sage mir:
„Du Narr."

„Weil ich es mir wert bin." (Werbung)

„Wer bin ich?"

Ich unterhalte mich
mit mir
über uns.

Damit diese zwei (Teile) in mir nicht auseinander gehen, sondern immer zusammen bleiben, ist ein Drittes notwendig. Das Dritte ist die Kraft der Bindung. Ohne sie wäre ich nicht Ich. Denn das eine Ich benötigt drei. Diese drei machen mich zu einer Person.

Diese Dreier-Einheit ist nach außen abgeschlossen. Jede Person ist für sich abgeschlossen. Jede Person steht somit einzigartig vor jeder und allen anderen Personen. Obwohl alle Personen in dieser Wesenhaftigkeit gleich sind. So ist es auch bei allen H-Atomen. Dennoch ist jedes jeweils in einem anderen Zustand.

Ich bin in mir eine Subjekt – Objekt Beziehung.
Subjekt, Objekt und die Wechselwirkung der beiden (der Austausch, die Bindung) bilden eins.

Subjekt und Objekt können auch die Rollen vertauschen, die Plätze wechseln.

Ich - mich.
Der Mensch in seiner Selbstreflexion verhält sich zu sich selbst.
Da sind zwei in mir, mit einer Bezogenheit zueinander.
Da sind also drei, wenn die Kraft der Beziehung auch eins ist.

Dieses Ich, diese Seele, dieses Personsein konstituiert meine Identität, mein Innerstes – eine personale Geistigkeit.

Der Mensch ist das einzige Wesen, das dieses Innerste, dieses Ich besitzt.

In dieser Einheit liegen das Bewusstsein meiner selbst, und damit meine Einzigartigkeit, das, was mir einen Namen verleiht, mit dem man mich rufen und ansprechen kann.

Ich kann mich führen. Ich kann mich beobachten. Ich kann mich kontrollieren.

Diese „Technik" des Personseins macht einen „kalten" Eindruck. Sie wird zum „bewegenden" Leben durch einen innewohnenden Maßstab des Handelns, einen Wertemaßstab, eben einen Sinn.

Der Mensch ist von Gott gestiftet in Gottähnlichkeit.
Die Dreiheit in Eins ist auch im Menschen. Die Kraft der Bindung ist der Geist Gottes, die menschliche Liebe in der menschlichen Person in Analogie zur göttlichen Liebe, dem Geist Gottes.

Diese drei sind eins.
In uns eine gott-ähnliche Dreieinigkeit, oft genug mehr Zerrissenheit als Einigkeit. (Man könnte meinen „Dreifaltigkeit")

Die Dreiheit ist die organisch-geistige Bedingung eines freien Wesens.

Dieses menschliche Ich, dieses Bewusstsein seiner selbst, ist ein Geschöpf Gottes.
Der Geist Gottes bildet sich im Menschen ab.

Nicht umgekehrt wie Nietzsche wohl meint, dass der Mensch sich so auf seine Weise ein Gottesbild schafft, hochstilisiert.

Gibt es eine Analogie, des drei-in-eins Wesens des Menschen zu den drei Personen Gottes?

Gott: Vater - Sohn - Hl. Geist

Mensch: ich – mich – Kraft der Beziehung in Liebe (hier: Selbstliebe).
Austausch, Dialog mit und in sich selbst durch Fähigkeit zu hören und Fähigkeit zu antworten, das Ohr und der Mund.

Anmerkung: Diese Betrachtung hier bezog sich nur auf das Ich einer in sich abgeschlossenen Person. Niemand ist aber allein. So wie mein Ich von Gott gestiftet ist, so ist es bei jeder der fast unendlich vielen Personen im Laufe der Menschheitsgeschichte ebenso.

Das Geschenk des Seins durch das göttliche Sein ist in allen Personen und stellt sie in eine Gemeinschaft von Gleichen. Und so wie wir eine Geschenk-Beziehung zu Gott haben, so haben wir eine seinsnotwendige Gemeinschaftsbeziehung untereinander.

Person und Identität.

Was macht die Person aus? - Das Ich?
Was ist das Ich einer Person?

Eineiige Zwillinge haben oft eine solche Ähnlichkeit, dass selbst Freunde und Bekannte auf den ersten Blick Erkennungsprobleme haben. Trotzdem haben beide natürlich jeder für sich ihre eigene Identität, ihr eigenes Ich. Diese Menschen können darunter leiden, dass oft ihre Identität nicht erkannt wird. Sie sind zwei

Personen bei vollkommen äußerlicher Übereinstimmung.

Angenommen man könnte zwei identische Körper herstellen, die in vollkommener Übereinstimmung eine identische Materialverteilung im Raum haben, sowohl am Ort als auch an selber Materialität des Ortes, mit gleichen Molekülen an gleicher Stelle. Sie wären nicht unterscheidbar. Sie wären vom gleichen Plan, von gleicher Hand und von gleichem Material an gleichem Ort. Was wäre dann noch ein Unterschied? Gibt es einen?

Ja, es gibt den entscheidenden Unterschied. Selbst wenn man annimmt, dass sie aus 100 % -ig reinem Stoff, aus purem Gold, hergestellt wären, so wäre zwar an gleichen Orten das gleiche reine Goldatom gesetzt. Aber, es wäre eben immer ein anderes Goldatom. Auch wenn man sagen müsste, dass ein Goldatom immer das gleiche ist, so ist es eben immer doch ein anderes Gleiches. Ein Goldatom ist zum nächsten Goldatom nicht identisch. Außerdem ist es nicht die gleiche Stelle im Raum, denn diese ist ja schon besetzt. Und da, wo etwas ist, kann nicht gleichzeitig ein anderes sein.

Was folgt? In der materiellen Welt ist keine Identität herstellbar, auch nicht unter idealen Bedingungen denkbar.
Man kann eine Kopie herstellen, aber kein zweites Original. Eine Identität bleibt einzig und in sich immer identisch. Zumindest ist etwas im Original, das, auch wenn sich alles andere verändert, dennoch die Identität verleiht.

Bei einer Person, einem Menschen: das Ich-sein ihrer selbst. Dies ist rein geistig, denn alles andere ändert sich. Andernfalls gäbe es keine Identität. Dagegen wird sich aber jede Person wehren. Denn sie ist sich sicher, dass sie immer dieselbe Person ist.

Das Ich einer Person besitzt sicherlich keine Materialität. Sie ist nur geistig zu sehen. Das Ich einer Person schließt aber ebenfalls Identität mit einer anderen Person aus. Denn dass eine Person einzig ist, ist schon in ihrer Definition enthalten. Also ist auch auf geistigem Gebiet eine Identität von zweien auszuschließen.

Identität gibt es nur in sich. Identität ist das Selbigbleiben im inneren, identitätsstiftenden Kern, selbst unter Veränderung des zugehörigen, nicht an der Identitätsstiftung beteiligten Äußeren, Nicht-Inneren. Identität ist etwas immer bleibendes Geistiges.

Identität ist das Prädikat einer Person, das Sein einer Person.
Identität wird gestiftet in einem Schöpfungsakt eines Absoluten und ist immer bleibend, es sei denn, sie wird aus sich selbst heraus gelöscht. Denn die geschaffene Person kann in der Auseinandersetzung mit ihrem Schöpfer sich selbst als Geschöpfsein des Schöpfers willentlich ablehnen.
Wenn sie dies tut, sagt sie: „Ich will sein, aber ich will nicht ein Geschöpf sein!" Denn damit würde ich den absoluten Schöpfer anerkennen und wäre zu Dankbarkeit verpflichtet.

Da dies aber in Wahrheit so ist, würde die Person die Wahrheit leugnen und deren Wirklichkeit nicht wollen. Damit wäre sie irrational, also ohne Vernunft und im Widerspruch zum absoluten Schöpfer. Dies verursacht Verlust des Seins.

Darüber hinaus lehnt diese Person neben der Vernunft der Schöpfung auch die Motivation des Schöpfers für die Schöpfung ab, welche die Liebe ist.
Die Schöpfung ist aus zwei Gründen.

Anmerkung aus dem Leben:
Eine Kopie ist eine Quasi-Identität eines Originals.

Da beim Menschen alles betrügerisch entarten kann, gibt es die Fälschung.
Eine Fälschung ist der Versuch, ein Original zu vernichten, sich oder sein Werk selbst fälschlicher Weise an die Stelle des Originals zu setzen, und damit zu betrügen. Der Fälscher gibt vor, der Urheber des Originals zu sein. Dies ist nicht nur Rufmord!

Das Vorhandensein des Originals, also dessen Sein, ist Voraussetzung des Fälschers. Das Fälschen ist die Geisteshaltung des Fälschers, das Sich-Aneignen fremden geistigen Eigentums, fremden, guten Seins. Dies ist nicht nur Diebstahl.

Gutes kann nur von Gutem stammen. Der Fälscher orientiert sich am Guten. Das Gute ist ihm nicht nur bekannt. Er würdigt es sogar. Indem er aber für sich beansprucht der Urheber des Guten zu sein, baut er in sich einen nicht überbrückbaren Widerspruch auf: In böser Absicht, wohl wissend um das Gute, will der Böse der Gute sein, den guten Schein erwecken. Das ist der Gipfel des Bösen, die egoistische Verzerrung, ein Zerrbild der Wahrheit.

Der Teufel ist ein Fälscher.

Wie kann man sein Sein, seine Identität, zu höherem Sein „bewegen"?

Mein Ich ist meine Seele, meine Einzigartigkeit, meine Identität.
Kann ich meine Seele ändern?

Ich spreche zu mir: Ich ändere mich.
Die Äußerung eines Willens.
Ich mache mich zum Objekt meines Verhaltens.

Wenn ich mich ändere, so ändere ich mich in meinen Handlungen, in meinen Gedanken, Worten und Werken. Ändere ich mich damit auch im Ganzen? Ändere ich meine Seele, mein Ich?

Kann ein in sich Abgeschlossenes wie die Einzigartigkeit eines Ich, einer Seele, sich aus sich selbst heraus ändern?

Sicher nicht. Eine Identität bleibt in sich identisch.

Wie kommt die Seele dazu, ihre Defizite zu erkennen, ihr nicht ausgeschöpftes Potenzial als Aufgabe zu erkennen, als ein Sollen zu erkennen?

Aus dem Bewusstsein Gottes, dort, wo unsere wahre, authentische Identität liegt.

Die Seele weiß von ihrer Bestimmung. Und das, was ihre Bestimmung ist, liegt außerhalb von ihr. Es gibt ein Höheres, und es gibt eine Kommunikation.

Der Maßstab des Handelns und der Kontrolle liegt in jemand anderem. Er liegt im Vorbild, letztlich in Gott, unserem Schöpfer, dessen Abbild wir auch in seiner Dreieinigkeit sind und sein sollen.

Wer aber gibt den Auftrag, sich zu ändern, und wer das Vermögen?

Etwas Höheres! Etwas, das mit meinem Jetzigen nicht zufrieden ist.

Meine Identität bleibt. Ganz gleich, ob mein Potenzial ausgeschöpft oder unausgeschöpft ist.
Ich bin immer derselbe/dieselbe, der Kern meiner Person.

Alles Geschaffene ist gut. Das mit Freiheit ausgestattete, der Mensch, muss sich selbst der Freiheit verpflichten. Hier liegt das Problem. Wenn er das nicht tut, warum auch immer, muss er sich ändern, aber nicht sein Wesen, sondern das, was aus ihm hervorgeht. Ob er dazu in der Lage ist, sei dahin gestellt. Wenn er nicht dazu in der Lage ist, muss es jemand anderer tun. Das ist das Schicksal des Menschen - ein gütiges Schicksal.

Wir sind uns selbst gegeben worden.

Das sind zwei Vorgänge. Erst wurde jemand oder etwas geschaffen, der empfangen kann. Danach wurde dem etwas gegeben, und zwar etwas, das ihn erkennen lässt, dass er dieses empfangen hat, dass er erkennen kann: Das Selbstbewusstsein in Person. Das Wissen des Wissens. Eine lebendige selbstreflektorische Geistigkeit.

Ich erkenne, dass ich geworden und gegeben bin, nicht irgendwem und irgendetwas, nicht der Erde oder der Welt, nein **ich bin einem gegeben worden, der ich selber bin**, einem in mir, der mit mir mir gegeben wurde.

Mein Bewusstsein sagt mir, es bedeutet mir: Ein Ich, ein bewusstes Ich-Sein, das in sich selbst schwingend sich selbst erkennt und als Erkennender andere erkennt.
Ich-Sein heißt, personal sich selbst bewusst sein, das in der Erkenntnis gipfelt: Ich bin mir selbst gegeben worden.

Wir wurden uns selbst gegeben. Von wem? Von einem **Bewusstsein einer größeren Person** als wir, vom **absoluten Bewusstsein**. Diese Person weiß um uns.

Wir sind so uns geschenkt worden wie viele Millionen von Menschen vor uns und nach uns ebenfalls. Dies alles geschieht in einem Werdeprozess der **Schöpfung im Bewusstsein Gottes**, des absoluten Seins.

Wir als selbst-bewusste Personen wiederum können etwas machen, das aus unserem Geist und unserem Wissen, aus unserem Ideenschatz und aus unserem Geschick erwächst. Wir gestalten Sein und schaffen damit neues Sein.
Aber dieses Sein wird nicht sich selbst übergeben. Wir schaffen ihm nicht die Möglichkeit sich als von uns geschaffenes Sein zu begreifen. Es ist auch nicht lebendig. Niemals kann der Mensch Leben aus dem Leblosen schaffen.

Wir übergeben dieses von uns geschaffene Sein uns selbst zu unserem Nutzen und unserer Freude, oder wir geben es jemand anderem, sei es als Geschenk oder sei es entgeltlich gegen einen Tauschwert, wie z. B. Geld. Wir übergeben es unserer Familie, unserer Stadt, unserem Volk und letztlich der Menschheit. So haben es alle gemacht.

Dies kann sein ein Wanderstock, den wir geschnitzt haben, ein Haus, das wir gebaut haben, eine Produktionsmaschine, die wir konstruiert haben, ein Roboter, den wir entwickelt haben, oder ein Bild das wir gemalt haben, etc.

Und mit vielen anderen Menschen zusammen bauen wir eine Welt, die uns nützlich ist, und wir bauen Kirchen und Museen zur Erbauung und zur größeren

Ehre Gottes, dessen, der uns gemacht hat mit dem Auftrag, solches zu tun.

Und außerdem versuchen wir das Böse, das uns bedrängt, in Schach zu halten.

Ich in mir.

Selbstquelle – Selbsthelle
Ich betrachte die Quelle quellen.
Ich versetze mich in die Quelle und sehe mich selbst quellen.
Ich quelle als Quelle, ohne mein Zutun.
Ich quelle quellend.
Ich leuchte leuchtend.
Ich in mir.

Nicht nur sitze ich hier und schaue, sondern ich weiß, dass ich hier sitze und schaue.
Ich mit mir.

Ich schlage die Augen auf und sehe – das Sein:
Gott, in seiner Schöpfung – und in ihr den Menschen in der seinigen.

Ich öffne die Ohren und höre. Ich höre, dass ich zu antworten habe. Was sage ich?

Ich öffne den Mund, mir stockt der Atem.

Ich danke, dass man danken kann.
Ich staune, dass wir staunen können.
Das Staunen im bewussten Sein.

Nicht das ontologische Sein, sondern das Bewusstsein, das Person-Sein ist es, was „wundert". Das „Ich bin", was ein jeder sagen kann.

Der Mensch findet sich vor.
Allein die Tatsache, dass er sich vorfindet, reflektiert sein Doppelsein. Er ist, und er registriert, dass er ist.

Das Tier ist, und registriert es nicht. Aber es ist so konstruiert, dass es die Reflexion nicht braucht zum Überleben, bzw. Leben. Der Mensch könnte ohne sein kontrollierendes und befreiendes Bewusstsein nicht ohne Führung, Fürsorge und Pflege anderer überleben. Er wäre lebensuntauglich. Das Bewusstsein des Menschen ist also nicht nur etwas, was das Tier übersteigt, sondern auch und zunächst einmal Ersatz für den Mangel an instinktivem Verhalten.
Es ist sowohl Zeuge des Mangels an automatischen Gehorsam als auch Gewinn an Freiheit.

Im Menschen sind Instinkt und Geist. Der Geist übertrifft den Instinkt und löst ihn ab.

Es beginnt der Anstieg zur Würde des Menschen, welcher allerdings im Erhalt des Bewusstseins nicht sein Ziel noch erreicht hat.

Geist erfordert notwendigerweise Freiheit, damit sich der Geist überhaupt artikulieren kann. Geist und Selbstbewusstsein können also nur zusammen auftreten. Beides ist im Menschen verwirklicht.

Das Doppel-System von Geist und Freiheit kann aber wiederum nur funktionieren, den Menschen leiten und überleben lassen, wenn **im Geist-Bewusstsein auch ein Werte-Bewusstsein hinterlegt** ist. Dieses Werte-Bewusstsein ist mindestens ein Überlebensbewusstsein und eine Überlebensstrategie.

Dieses Geist-Bewusstsein ermöglicht dem Menschen das Erkennen durch die kritische Vernunft, das Lernen, die Erfahrung, und eine Ergebnis- und Dimensionsoffenheit gegenüber höheren und niederen Seinsstufen. Es ermöglicht ihm, die Erkenntnis seiner Groß-art-igkeit gegenüber den niederen Stufen und seiner Begrenztheit gegenüber möglichen und erstrebenswerten höheren Seinsstufen.

Die Erkenntnis der Großartigkeit darf aber hier nicht stehen bleiben.

Eine Physik des Bewusstseins.

Ausgehend von der Tatsache, dass ein Elektron sowohl ein Teilchen als auch eine Welle ist:

Als Teilchen würde das Elektron in das Proton hineinfallen, mit der Folge, dass die Ausgedehntheit der Materie nahezu verschwindet. Als Welle hingegen, die keinen eigentlichen Ort hat, die nur an zwei Punkten nicht existiert, nämlich im Proton und außerhalb des Atoms, wird das Atom erst beständig und definiert. Die Elektronwelle schwingt unbestimmt im Atom um das Proton und bestimmt in ihrem Schwingen die Grenzen des Atoms. Das Elektron befindet sich in einer Wechselwirkung mit sich selbst, eingespannt wie eine Saite zwischen dem Proton und der Atomaußenwelt.

Eine Welle aufgefasst als eine Beziehung. Keine Welle ohne Quelle.
Das Selbstbewusstsein aufgefasst als eine Welle, durch die das Bewusstsein einer Person eine Wechselwirkung mit sich selbst hat. Es ist eine Wechselwirkung zwischen dem Inneren des Inneren des Menschen und dem Äußeren des Inneren. Oder eine Wechselwirkung des Bewusstseins einer Person mit dem Selbst einer Person.

Erst durch diese Fähigkeit des Bewusstseins, eine Wechselwirkung mit sich selbst einzugehen, wird der Mensch zum Menschen, erhält der Mensch das Bewusstsein seiner selbst und damit die Voraussetzung zur Freiheit.

(Vielleicht korrigierend ausgedrückt: Er wird dadurch nicht zum Menschen, sondern er erhält ein entscheidendes Merkmal des Menschen in seiner Leiblichkeit in der Welt.)

(Spekulativ: Die moderne Quantenphysik kommt zu der Aussage, dass der Raum von Quantenenergiefeldern durchwoben ist. Könnte es sein, dass das Neuronengeflecht des Menschen mit dem Quantenenergiefeld des Raumes in Wechselwirkung tritt? Das Energiefeld des absoluten Geistes in Kommunikation mit dem des personalen Bewusstseins?)

Eine Welle spannt sich zwischen zwei festen Punkten wie eine Saite aus. Sie verbindet die beiden Punkte und hält sie fest. Die Saite kann in den verschiedensten Frequenzen schwingen (Grundton und Obertöne). Sie hat einen Klang. Der Klang ist die Äußerung der Beziehung zwischen zwei Punkten, Fakten. Die Beziehung ist die Anziehung der beiden Fakten. Sie hält die Fakten nicht auf Distanz, sie zieht sie an.

Eine Beziehung, die zwischen zwei Fakten entsteht, die beide erkenntnisfähig sind (zwei Personen), ist etwas ausgezeichnetes, da sich zwei Schwingungen überlagern. Es entstehen ja eigentlich auch zwei Beziehungen. Die Resultante kann alle möglichen Variationen annehmen zwischen Annihilation und Verdoppelung (Auslöschung oder Überlagerung).)

Wenn wir uns etwas bewusst machen, wenn es uns bewusst wird, erkennen wir. Es entsteht eine Beziehung zwischen uns und dem Erkannten.

Das Bewusstsein bedeutet eine schnelle Schwingung zwischen Subjekt und Objekt, wobei beide fortlaufend ihre Plätze tauschen.

Ich erkenne mich.

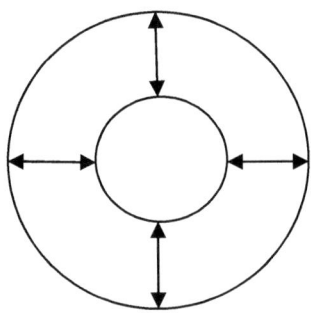

Der Fluss der Neuronen macht das Bewusstsein, und umgekehrt.
Der Fluss der Elektronen macht das Magnetfeld, und umgekehrt.
Der Fluss des Geldes treibt die Wirtschaft, den Wohlstand, und umgekehrt.

Der Fluss der Ideen macht den Fortschritt, die Forschung, und umgekehrt.
Der Fluss der Daten macht die Information, die Verbindung, die Kommunikation, und umgekehrt.
Der Austausch von Elementarteilchen bildet die Kräfte, und umgekehrt.
Der Stoffwechselfluss, der Puls und der Atem machen das organische Leben, und umgekehrt.

Ein Brunnen, aus dem man nicht schöpft, versiegt.
Die Verkehrsstraßen ermöglichen den schnelleren und lebendigeren Fluss:
Wege, Straßen, Wasserstraßen, Handelsstraßen, Meere, Lüfte.

Jede Welle ist eine Daten –Transportmöglichkeit.
Jeder Fluss hat eine Quelle. Sein Motor ist das Gefälle.
Der Motor der Meeresströmung sind die Winde und das Absinken des Wassers am kalten Arktiseis.

Bei allen menschlichen Flüssen ist der Motor das Weiter-kommen-wollen, das Streben nach Besserem, nach Mehr, nach Vollkommenerem, nach Erkenntnis und Wahrheit.

Ein höherwertiges System benötigt höherwertige Ströme und Verkehrswege.

Der Glaube ist ein Fluss, ein Austausch mit Gott.

Wir brauchen diese „göttliche" Infrastruktur.

Hören wir auf, uns „neutral", ohne Glauben, zu bemühen! Bemühen wir uns unter der Bitte im Glauben! Dann potenziert sich unsere Lebens-Strömung.

Bewusstsein und Unbewusstsein.

In uns ist ein instinktives Bewusstsein, das unbewusste Bewusstsein.

Das Unbewusste ist das selbstverständlichste, elementarste Wissen, das es überhaupt gibt.

Wissen heißt, sagen können, dass man sagen kann, was der Fall ist.

Das Tier besitzt unbewusstes Wissen: Instinkt.
Das Tier besitzt Bewusstsein, aber kein Selbstbewusstsein.

Das Unbewusste ist das unbewusste Wissen vom Wissen selbst, das selbstverständliche, unreflektierte, instinktive Wissen. Das Unbewusste zeugt auch vom Sein, aber nur für den, dem es bewusst ist. Im Unbewussten liegen die seinsbestimmenden Gesetze, auch wenn sie vom Seienden nicht erkannt werden.

Auch ein Tier hat ein Wissen (ein quasi-Wissen, das es instinktiv richtig (im Sinne der Lebenserhaltung) handeln lässt), aber es kann nicht sein Wissen äußern, auch nicht sich selbst gegenüber. Es besitzt kein bewusstes, wissendes Selbstsein.

Das heißt, es gibt Sein, das sich selbst gegenüber nichts von sich weiß. Weniger gibt es nicht. Es ist das Geringst - denkbare. Es ist das Sein selbst?

Das Selbstbewusstsein, der Geist, hebt das Unbewusste ins Bewusstsein und stößt dabei auf die Wahrheit.

Der Mensch als Ganzes ist sich selbst bewusst. In ihm ist aber auch Unbewusstes (instinktiv regulatorisch Handelndes), und in ihm ist auch bewusstseinsloses Sein.

Dieses nicht wissende, unbewusste Sein ist aber jemandem gegeben, dem es bewusst ist. Diesem ist es als etwas (nicht nichts) gegeben. Die Frage ist also immer: Das Etwas, das Sein, wem ist es gegeben?

Ein Wesen, welches kein Selbstbewusstsein besitzt, existiert nicht für sich. Es hat kein Ich. Es weiß nichts von sich. Es existiert aber für den Menschen, der es erfährt, und es existiert für Gott, der alles erkannt hat, alles weiß.

Der Mensch weiß von seinem unbewussten Sein. Das Unbewusste weiß nicht, dass es Bewusstes gibt. Im Menschen wechselt seine geistige Präsenz zwischen Bewusstem und Unbewusstem.

Alles Sein ist für jemanden. Ansonsten wäre es nicht.

Das Bewusste ist das fokussierte, das spezielle Wissen. Das spezielle Wissen basiert auf dem Wissenkönnen, dem Bewusstsein.

Bewusstsein heißt, Wissenserfahrungen machen zu können und diese im Gedächtnis abgespeichert, und unmittelbar verfügbar zu haben.

Das allgemeine Wissen, das Unbewusste, beinhaltet die inneliegenden „artgerechten" Gesetze und die Summe der unbewussten Erfahrungen, die instinktiv leiten – die Tiere vollständig, den Menschen zum Teil.

Das Privateste ist das Universellste. Denn es ist in jedem Menschen.

Wir haben gedacht: Dasjenige mit dem kleinsten Begriffsinhalt hat den größten Begriffsumfang. Denn der geringste Inhalt ist in allem enthalten.

Was aber, wenn das scheinbar Geringste in Wirklichkeit etwas Großartiges ist?

In jedem Menschen ist das Gefäß seiner persönlichen Individualität, sein Ich. Das Gefäßsein des Menschen ist in allen, aber jedes Gefäß ist anders und jedes Gefäß ist anders gefüllt.

Das Gefäßsein ist allen Menschen gleich. Es ist nicht der kleinste, sondern der größte gemeinsame Nenner aller Menschen, das Gemeinsame der Menschheit. Es verbindet die Menschheit.

Das Gefäß ist der Leib (nicht der Körper) des Menschen (der Mensch als Ganzes), und es ist so gestaltet, dass es in der Lage ist, die Identität einer Person aufzunehmen. Der Mensch ist ein Gefäß.
Dieses Kleine ist schon groß: das Gefäßsein für das Ich einer Person, für den Geist.
Ein Gefäß ist uns gegeben. Wir sind Gefäß.

Das Gefäßsein des Menschen, dieses höchstmögliche Gefäßsein unter allen individuellen Wesensarten ist das allgemeinste Merkmal aller Menschen, ist in allen Menschen.

Der Inhalt aber des Gefäßes macht jeden Menschen zum einmaligen, einzigartigen Menschen, anders als jeder andere. Der Inhalt macht ihn zu dem, der er ist.

Der Mensch in seinem Gefäßsein ist aufnahmefähig, empfangsfähig, empfängnisbereit. Jeder Mensch in seinem Gefäßsein ist ein gefülltes Gefäß.

Ein gefülltes Gefäß, so hoch oder so gering gefüllt es auch sein mag, gibt es jeweils nur einmal. Es ist der Mensch in seiner spezifisch individuellen Person.

Das, was den Menschen ausmacht, seine Identität, sein Ich, seine Person, sein Geist, ist in allen Menschen in der Weise des Inhaltseins des Gefäßes. Der Umfang der Verbreitung ist riesig, allüberall, in allen. Das Einzelne als Einzelnes ist in allen: Eine milliardenfache Singularität!

Die spezielle Individualität, das Ich einer Person, ihr Name, aber auch die körperliche, materielle Individualität, seine Physiognomie, sein ganzer Leib, einschließlich der Geist-Seele ist in jedem anders, ist in jedem Menschen einmalig: Seine Identität.
Er ist bei seinem Namen gerufen worden und dadurch geworden. Der Mensch in seinem Gefäßsein ist anrufbar Er besitzt ein Ohr und ist ein Hörender. Und er kann antworten.

Das allgemeinste der Menschheit ist also das Gefäßsein, der Leib, und das Spezifischste ist das einmalige Ichsein einer jeden Person, versinnbildlicht in der Art des Gefäßes und dessen Inhalt.

Das Großartigste, die Identität, das Einmalige einer Person ist in der kleinstmöglichen Einheit gegeben, nämlich: eins. Es ist immer nur eine Person.

Es gibt aber dennoch nicht nur eine Eins, sondern ganz viele Einsen, Identitäten.

Das Größte ist qua Größtes in allen. Nicht das kleinste Atom ist in allen. Das ist es auch. Nein, das Größte ist in allen, denn sonst wäre es nicht ein Mensch.

Die Qualität einer Struktur (einer leblosen wie einer lebendigen) wird durch ihren

höchstmöglichen Freiheitsgrad und den Zustand ihrer Verwirklichung gekennzeichnet. (Wobei die Verwirklichung der Freiheit umso größer ist, je mehr sie sich des nur Gut-Seins widmet.)

Die Freiheitsmöglichkeit ist in jedem Menschen durch sein Menschsein gegeben. Ob sie auch genutzt und verwirklicht wird, liegt an jedem Einzelnen (und sicherlich auch an mancherlei äußeren Bedingungen).

Das Exzellenzmerkmal des Menschen (die Freiheitsmöglichkeit) ist in allen, und es ist als Person-Merkmal in allen gleich. Es ist also in allen etwas Gleiches, nämlich das Menschsein. Dieses ist also am weitesten verbreitet.

Jeder trägt das Merkmal der Einmaligkeit seiner Identität in sich. Jeder ist einmalig; und deshalb ist ein jeder anders (als alle anderen).

Der einzige, der keinen Anderen hat, ist Gott:
Non aliud – der Nicht-andere (Cusanus).

Denn er ist „Der Einzige". Für Ihn gibt es kein Gegenüber. Alles ist in Ihm.
In dem Einen ist alles andere. Von dem Einen geht alles andere aus und ist von ihm initialisiert und inspiriert. An ihm bildet sich alles andere ab. So soll es sein, und nur so kann es sein. Dies trifft zu auf alles Seiende.

Das, was also in jedem Menschen einzig ist, hat die geringste Verbreitung, denn es ist nur in einem. Hat es die höchste Bedeutung? – Ja, denn es ist einzigartig, und eine einzigartige Ähnlichkeit, Analogie des

Schöpfergottes. Ein Unikat aus der Schöpfungswerkstatt Gottes.

Das, was in allen Menschen ist, ist das Allgemeinste und das Größte: Das Personsein im Angesicht Gottes, dessen Glanz auf jeden Menschen fällt.

Gott selbst ist in dieser Symbolsprache ein vollkommener Inhalt eines vollkommenen Gefäßes: die denkbar höchste Freiheit.

So ist das Höchste der Schöpfer, das absolute Sein, der Geist, das Bewusstsein, der in allem ist.

Haben wir etwa falsch gedacht?

Vorfindung im Bewusstsein.

Die Menschheit ist unterwegs, und sie ist auf etwas aus.
Wir persönlich sind unterwegs.
Wir persönlich sind auf etwas aus.

Vorausgesetzt, wir tun es bewusst, wird unser Verhalten auf zwei Weisen kontrolliert:

- sachlich (auf richtig oder falsch, gewiss oder ungewiss, wahrscheinlich oder unwahrscheinlich)

- moralisch (auf Wahrheit oder Lüge, wert oder unwert, gut oder böse)

Unser Bewusstsein, das Kontrollorgan, ist der Aufgabe gemäß angemessen entwickelt.

Es ist auch die Voraussetzung von Freiheit.

Wir sind aus auf Wahrheit, Freiheit, Vollkommenheit.
Wir sind unterwegs zu Gott.
Der Drang ist in uns, weil genau dieses uns fehlt.
Wir sind Subsidiar, Medium mit einer Aufgabe.
Wir sind Gleichnis. Wir sollen das Reich Gottes gleichnishaft verkörpern.

Im Unterwegssein brauchen wir den Kompass und die Kontrolle: das Ziel (als Sender), das Gewissen (als Empfänger), die Vernunft (als Abgleich und Ausführung).

Nicht zu vergessen: Wir sind eine Gemeinschaft von Mitmenschen. Wir haben Kontakte. Wir geben und benötigen Unterstützung.

Es ist eine Bewegung von ganz unten, weil Gott es so will (oder weil wir, oder jemand es vermasselt haben).

Es ist ein Stein, aus dem in Schritten von unten nach oben alle Stufen herausgearbeitet werden.

Im Stein liegt das kosmische Potenzial, liegen Energie und Gesetz.

All dies findet in einer Welt der Entropie, des bewussten Dagegenseins statt.

Die erste Stufe ist das somatische Sein – das Leben, der Organismus.
Die zweite Stufe ist das seelische Sein – das Sinnenleben.
Die dritte Stufe ist das vernünftige, das geistig-moralische Sein, das wissensbasierte Sein, das Erkenntnis-wollende und das Gut-sein-wollende Sein, das Bewusstsein von Freiheit.

Es gibt den Geber.
Auf allen Ebenen sind wir ein Gleichnis Gottes.
Bewusstsein und Vernunft sind die Instrumente.
Wir sind uns, durch Gott und für Gott, so und genau so gegeben. So ist es gewollt. So sind die Bedingungen des Menschseins.

Die Entwicklung des Ich.

- Das Ich aus der Evolution, Lebens-Ich, Spontan-Ich, Emotions–Ich, Bewusstes im Unbewussten.

- Das Ich des Selbstbewusstseins, das selbstreflektorische Spiegel-Ich, die Vernunft.

- Das moralische Ich, das göttliche Ich, das Werden-Sollen der man ist.

So gibt es ein drei-faches Sein:

materiell
biologisch, lebendig, sinnlich
geistig-moralisch

„Werden der ich bin" bedeutet, mein reales Ich dem idealen Ich, dem wahren Ich anzugleichen, und letztlich, auf es zu verschmelzen.

Das Piktogramm von Mensch und Bewusstsein.
(Prof. J. Splett)

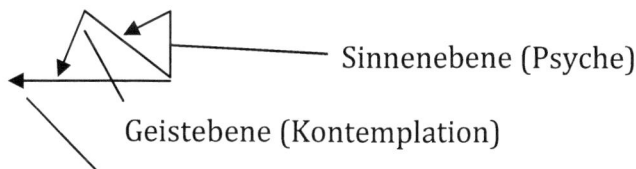

Sinnenebene (Psyche)
Geistebene (Kontemplation)

Der Mensch zielt auf etwas, ist auf etwa aus.

Die begleitende, iterative Reflexion (reflexio concomitans) bedeutet einen Regelkreis.

Das menschliche Bewusstsein wird durch dieses Piktogramm treffend dargestellt. Das heißt, das Bewusstwerden geschieht immer zeitlich nach der

Handlung, nicht zugleich. Man kann nicht gleichzeitig vollziehen und sich darüber bewusst sein oder sich darüber freuen, oder darunter leiden. Der Vollzug, die Freude oder der Wille im Vollzug und das Sich-erinnern an das Ziel des Vollzugs, an das Ziel des Willens, liegen zeitlich auseinander.

Die Zielerreichung liegt in der Zukunft, der Vollzug in der Gegenwart.

Das Ziel des Vollzuges bedeutet das Sich-erinnern an die Vergangenheit.

Sich immer wieder erinnern an die Zukunft, ist wie Suchen und Finden.

Bewusstseinsakte sind Wechselspiele in den Zeiten der Gegenwart, Zukunft und Vergangenheit.

In der tätigen Handlung sind sie sehr kurzzeitige Wechselspiele, Zeitenschwingungen; bei planerischem, langfristigem Handeln sind sie langwellig.

Der Pfeil zielt auf willentliche Vorhaben, letztlich auf die Wahrheit als den Hauptakzent.

Allerdings: Die Schwingungen der Selbstbeobachtung unterliegen der Gefahr einer Eigenständigkeit, einer Selbstverliebtheit, da sie mit Empfindungen (z. B. Hunger, Esslust) verbunden sind. Diese sind Symptome und müssen Symptome bleiben. Sie dürfen nicht das eigentliche Ziel, (nämlich die Wahrheit) ersetzen. Die Gefahr ist, dass dies unbemerkt geschieht. Damit kurieren wir wieder an Symptomen, an Epiphänomenen.

Beispiel Hunger: wenn das Ziel nicht die Bedürfnisbefriedigung ist, sondern die Esslust.

Beispiel Religion: Unser Ziel ist die Wahrheit, Gott selbst. Statt der Selbstvergessenheit bei Gott beschäftigen wir uns mehr mit der buchstabengerechten Frömmigkeit.

Wir haben auch unsere Sinnlichkeit als geistdurchdrungen, nicht als pure Sinnlichkeit.

Bei einem Tier geschieht die Kontrolle durch den Instinkt. Eine Abweichung vom Ziel ist eigentlich gar nicht möglich.

Bei Gott sind Sein und Bewusstsein auf gleicher Höhe. Die Pfeile treffen sich in der Spitze, bzw. laufen parallel zu einander. In Gott ist alles eins.

Bewusstsein und Wirklichkeit

Die Welt ist in unserem Bewusstsein auf unsere Weise.

Die Wahrheit ist die Wirklichkeit, insofern sie sich uns zeigt.

Der Baum, den wir sehen, ist nicht die Wirklichkeit des Baumes, die wir zu sehen vermeinen.

Elektromagnetische Wellen aus der Sonne treffen auf das, was wir mit „Baum" meinen. Der „Baum" wiederum schluckt einiges dieser Strahlung und sendet in unsere Augen eine niedrigere Energiequote dieser ursprünglichen Strahlung. Diese wird im Auge umgewandelt in elektrische Nervenimpulse, die in unserem Gehirn das Bild erzeugen, das wir „Baum" nennen.

Unser Bewusstsein erzeugt den Baum, wie wir ihn sehen. Der Baum wäre nicht der Baum, wenn ihn nicht unser Bewusstsein zu dem machte, was wir meinen, dass er sei.

Was vom Bewusstsein erkannt wird, ist anders als es zu sein scheint.
Der Schein der Schöpfung wird im Bewusstsein gemacht.
Das Bewusstsein selbst wurde so gemacht, dass es von allem, was es erkennt, ein Bild macht, unser Bild.

**Was nicht erkannt wird, von keinem Bewusstsein erkannt wird, ist nicht.
Deshalb ist das Nichts nicht.**

Wenn wir etwas sehen: Was wissen wir dann, und was wissen wir nicht?

Es gibt etwas, da wir etwas sehen.
Gibt es das, was wir sehen? Ist es eine reale Wirklichkeit oder ist es eine Fiktion, ein Traum, eine Halluzination, oder ist es eine Täuschung?
Ist es so, wie wir es sehen? Oder ist es anders als das, was wir sehen?

Wenn wir eine Täuschung sehen: Täuschen wir uns, oder werden wir getäuscht?

Also nehmen wir an: Es gibt das, was wir sehen, sei es reale Wirklichkeit oder Fiktion.
Die reale Wirklichkeit ist außerhalb von uns. Die fiktive Wirklichkeit ist eine reine Vorstellung unseres Geistes.

Wir sehen einen blühenden Baum im Frühling an einem Seeufer.
Wir können den Baum direkt sehen, und wir können sein Spiegelbild im Wasser sehen. Wir machen mit unserer Digitalkamera ein Foto der Szene. Nun können wir den Baum direkt sehen, wir können sein Spiegelbild im Wasser sehen, und wir können das Foto auf dem Monitor der Kamera sehen. Diese Reihe könnte man endlos fortsetzen. Das Foto der Fotos, oder auch gemalte Bilder der Szenerie.
Wir beschneiden die Sequenz dort, wo sie keine neuen Erkenntnisse bringt.

Wo müssen wir differenzieren?
Was sehen wir?

Die wesentliche Frage bleibt:
Ist es ein Original oder ist es ein Bild des Originals?

Abgesehen davon, sehen wir immer nur ein Bewusstseinsbild, sei es vom Original oder vom Bild des Originals.

Das Bild wiederum kann ein Spiegelbild des Originals sein, es kann ein Foto im Sinne einer Kopie, oder ein mehr oder weniger bewusst gestaltetes Bild sein. Letzteres wäre dann der Versuch einer Deutung, einer Verdeutlichung, einer subjektiven Beurteilung des Originals. Wenn es bemerkenswert gut gemacht ist, sagen wir, es ist Kunst.

Sehen wir ein Spiegelbild, dann wissen wir, es gibt ein Original und es gibt einen Spiegel.
Das Spiegelbild besitzt eine charakteristische Eigenart: Es ist ein zeitlich nachrangiges, und räumlich mehr oder weniger verzerrtes Symmetriebild eines Originals.

Zeitlich nachrangig, weil es erst nach dem Original erscheinen kann, und räumlich verzerrt, weil zwischen Original und Spiegelbild ein Medium liegt. Spiegelbilder geben Zeugnis vom Original, sowie von anderen Seinsgegebenheiten, nämlich Sein an welchem gespiegelt wird, und sie geben Zeugnis vom Gesetz der Reflexion des Lichts. Spiegelbilder sind Sekundär-Sein. Sie zeigen das Original zeitlich verschoben und gesetzmäßig verzerrt. Sie liegen ein wenig zwischen realer und fiktiver Wirklichkeit, sind aber nicht der Willkür unterworfen.

Erinnerungen sind wie gespiegelte Originale. Sie sind geistige Bilder vergangener Realitäten, nachrangig und verzerrt, gespiegeltes Erstbewusstsein, aber nicht gesetzmäßig.

Von einem Spiegelbild kann man auf das Original schließen.

Wenn wir die Welt betrachten, sehen wir dann Bilder oder gespiegeltes Original?

Mit dem Bewusstsein versuchen wir, mit den Sinnen Erfahrenes zu deuten, um der Wahrheit näher zu kommen.

**Eine höchste Intensität der Erkenntnis haben wir, wenn wir jemandem in die Augen schauen. Wir sehen, dass wir gesehen werden, und zwar beide sehen das.
Das ist Selbsterkenntnis und Selbstoffenbarung zugleich.**

Original und Spiegel. Die Welt als Spiegelbild.

**1 Kor 13,12 (Einheitsübersetzung)
Jetzt schauen wir in einem Spiegel und sehen nur rätselhafte Umrisse,**
dann aber schauen wir von Angesicht zu Angesicht.

Jetzt erkenne ich unvollkommen, dann aber werde ich durch und durch erkennen,
so wie ich auch durch und durch erkannt worden bin.

Interpretation:
Wir sind in einem Spiegel, unsere Welt ist ein Spiegelbild. Woran wird sie gespiegelt?
Die reale Welt ist ein unzureichendes, unvollkommenes Spiegelbild der idealen, vollkommenen Welt, **die im Bewusstsein Gottes liegt.**

Die wirkliche, wahre Welt, die, welche wir die ideale Welt nennen, liegt im Bewusstsein Gottes. Wir sind Verstörte in einer verzerrten Welt, deren Ideal aber deutlich erkennbar in uns liegt. Wir schauen über den Spiegel zurück in die ideale Welt, und es verlangt uns danach.

Die Forderung nach Rückkehr, nach Umkehr.

Wir wurden versetzt aus dem Paradies in das Spiegelbild des Paradieses (in eine Schein-Welt). Die Spiegelwelt entwickelt sich, beginnend mit dem Urknall.

(Hinweis zum Höhlengleichnis von Platon)

Andere Übersetzung des Bibeltextes:
Jetzt schauen wir durch einen Spiegel, unklar, dann aber von Angesicht zu Angesicht.
Noch ist mein Erkennen Stückwerk.
Dann aber werde ich so erkennen, wie ich selbst erkannt bin.

Was ist ein Spiegel?
Strahlung, die auf etwas auftrifft, wird sowohl absorbiert als auch reflektiert in unterschiedlichen Anteilen.
Je glatter und ebener die Oberfläche eines Körpers ist, auf welche eine Strahlung auftrifft, umso klarer ist das Spiegelbild (das in unsere Augen fällt) und damit umso ähnlicher dem Original. Ein guter Spiegel ist also eine besondere Gestalt bzw. Gestaltung einer Oberfläche.

Insofern jeder Körper mehr oder weniger Strahlung reflektiert, ist jeder Körper auch Spiegel, wenn auch nicht so, dass er als Spiegel bemerkt wird. Das, was in unsere Augen dringt und im Hirn verarbeitet wird, ist eine Mischung aus unmittelbaren Strahlen eines Objekts, eines Originals und von an anderen Körpern reflektierten, gespiegelten Strahlen desselben Objekts.

Wir sehen also niemals pur, sondern immer gemischt. Alles ist in Allem.
Dies ist das Merkmal unserer Welt. Wir können grundsätzlich nichts so erkennen wie es ist, d. h. wie es von dem erkannt wurde, der es geschaffen hat. Wir sehen nur Mischungen, die wir allerdings meistens irrigerweise für pur, für wahr halten.

So wie man nur mit großem Aufwand einen klaren Spiegel schaffen kann, so ist es auch mit der Wahrheit. Wenn wir uns der Wahrheit nähern wollen, müssen wir einen immer größer werdenden Aufwand erbringen – und erkennen am Ende doch niemals die reine Wahrheit.

Ein Bild setzt das Original voraus.
Eine weitere Voraussetzung ist, dass Licht (Strahlung) auf das Original fällt.
Das Original muss beleuchtet, belichtet werden.
Das Licht der Wahrheit muss das Original anstrahlen.

Das, was wir vom Original sehen, sind die Strahlen, die von ihm zu uns, dem Betrachter reflektiert werden. Diese sind aber nur ein Teil der Wahrheit. Ein anderer Teil wird absorbiert, und weitere Verzerrungen entstehen, weil Strahlen von nachrangigen Belichtungen des Originals sich mit den primären Strahlen mischen.
Insofern ist das Original selbst schon nur ein Spiegel, der einen Teil der Wahrheit verdeckt.

Das Bild des Originals (bzw. das Spiegelbild) ist eine zeitlich versetzte Folge des Originals. Sie ist zeitversetzt wegen der endlichen Übertragungsgeschwindigkeit des Lichts.

Die Möglichkeit des Bildes entsteht theoretisch unmittelbar mit dem Original. Die Verwirklichung ist aber abhängig vom Original, ihm logisch nachrangig und in der Realität verzögert und verzerrt.

Was ist, wenn das Original selbst strahlt?
Dann ist das Original nicht zu erkennen. Wir sehen nur Strahlen, und diese werden uns blenden.
Das Original ist dann der Lichtspender und offenbart seine Struktur nicht.

Das Original ist die Wahrheit – das Licht, das alles andere sichtbar werden lässt, aber selbst unerkennbar bleibt.

Das Original setzt einen Urheber des Originals voraus.
Die Schöpfung setzt einen Urheber der Schöpfung voraus.
Dieser ist naturgemäß auch Betrachter des Originals.
Das Original ist im Bewusstsein des Urhebers.

Wenn der Urheber mit seinem Werk zufrieden ist, wenn er sagt: „Es ist gut", dann darf man annehmen, dass sein geschaffenes Werk, das beim Betrachten wiederum ein Bild in seinem Bewusstsein bewirkt, mit dem Bild seines Bewusstseins übereinstimmt, welches dem Werk zugrunde lag.

Ein Bild setzt einen Betrachter voraus. Ein Bild entsteht nur in einem Betrachter!
Das Bild ist, weil es im Bewusstsein des Betrachters ist.

Der Betrachter sieht es nicht, wie es vom Urheber gesehen wird.
Da ist immer eine Differenz der Betrachtung.

Das Bild befindet sich in einer anderen Dimension als das Original, nämlich im Bewusstsein des Betrachters.

Es ist eine gegenüber dem Bewusstsein des Urheber-Betrachters des Originals nachrangige Dimension.

Der Betrachter des Bildes befindet sich in der Dimension des Bildes. Er kann nicht das Original so sehen, wie es in Wahrheit ist, weil er sich nicht in dessen Dimension befindet. Zwischen Urheber und Betrachter liegt eine Dimensionsgrenze. Sie bedeutet eine Durchlässigkeitsschranke, die den vollen Durchblick versperrt. An der Dimensionsgrenze erfährt die Strahlung eine Ablenkung und einen Transparenzverlust, eine Trübung.

Aus alle dem sollten wir aber nicht annehmen, dass in der „Sichtweise" unserer Dimension in der Welt Chaos herrsche. Auch wenn wir etwas sehen, was in der höheren Dimension so nicht ist, so ist es dennoch in dieser unserer Sichtweise geordnet und in der jeweiligen gleichen Situation auf gleiche Weise projiziert. Wir sehen also eine andere Bild-Welt, aber eine dem Original analoge Welt, in der die Gesetze der Natur erkennbar und zwingend sind.

Die große Einschränkung ist: Wir sehen eine getrübte Welt, aus der heraus die Konturen der wahren Welt nur analog erahnbar sind. Dieser Tatbestand verführt viele Menschen dazu, falsche Annahmen zu machen und falsche Schlüsse zu ziehen. Diese Welt ist Vorübergang. Sie ist nicht vollkommen und wird nie vollkommen werden.

Aber die Vollkommenheit leuchtet in ihr auf.

Wir sehen eine Welt, die so in wahrer Wirklichkeit nicht ist. Denn sie ist durch uns (und andere?) in unserer Wirklichkeit beschädigt, und zwar auch schuldhaft beschädigt.

Anders ist es, wenn wir uns Gott als den Urheber des Originals vorstellen:
Er sieht aus seiner Dimension heraus nicht nur das Original, sondern synchron auch das Bild im Betrachter des Bildes. Er sieht nicht nur seine „ideale" Vorstellung, sondern auch die „reale" Vorstellung im Bewusstsein des Betrachters innerhalb seines Bewusstseins differenziert. Er sieht und erlebt „leidend" die Differenz.

Wie wir gesehen haben, erkennen wir nur, was vom Licht beleuchtet wird.
Es gibt aber das Licht selbst. Es ist das, was nicht beleuchtet werden kann, was nicht heller sein kann als es ist. Die Wahrheit ist das, was aus sich selbst strahlt und alles andere „belichtet".

Nur das Licht selbst sieht alles so, wie es ist.

In der Dreieinigkeit Gottes ist der Sohn die Wahrheit, das Licht, welches das Original, die Schöpfung, im Bewusstsein Gottes des Vaters, beleuchtet. Jesus offenbart das Original der Schöpfung und macht es für uns Menschen sichtbar.

Jesus als die Wahrheit, der Weg und das Leben.

Jesus ist der wahre Zeuge. Er sagt und bezeugt damit die Wahrheit.

Als wahrer Zeuge, der nichts als die Wahrheit sagt, die absolute Wahrheit Gottes, ist er die Wahrheit, die personifizierte Wahrheit.

Die Wahrheit leuchtet als Licht in der Finsternis (des Halbwahren) und zeigt den Weg. Die Wahrheit ist der Weg. Jesus wird zum Weg, der zur Wahrheit führt. Im Ziel des Weges haben wir das Leben. Jesus ist das Ziel. Bei ihm sind wir im Leben.

Für alles Sehen gilt als umfassende und voraussetzende Bedingung:
Da ist ein Bewusstsein und es gibt Licht, das das Objekt (Original oder das Bild) beleuchtet. Und damit gibt es eine Lichtquelle, von der das Licht kommt.

Wenn dies alles gegeben ist, und wir etwas sehen, dann heißt dies auch: Es gibt Sein, und es gibt Seiendes, denn außer dem, das wir sehen, gibt es noch vieles andere mehr, das gesehen werden kann, oder das vielleicht auch mit den Augen nicht gesehen werden kann.

Immer wenn wir sehen, sehen wir einen Ausschnitt, einen Teil eines Ganzen, das wir nie ganz erfassen können. Aber jeder Ausschnitt trägt dazu bei, eine Ahnung vom Ganzen zu erhalten.

Ich staunte, als ich den blühenden Baum am Ufer des Sees sah, als ich sein Spiegelbild sah, als ich das Foto sah und als ich das Gemälde sah, das ein Maler am Ufer gemalt hatte.

Ich staunte, als ich begriff, dass dieses alles sich in meinem Bewusstsein vollzieht. Ich staunte über das Sein, das Seiende, und vor allem - ich staunte über mich.

Das, was das Leben ausmacht, findet ausschließlich im Bewusstsein statt.

Die Geräusche infolge meiner Tinnituserkrankung sind in meinem Bewusstsein.
Deswegen sind sie wirklich. Sie gehören für mich zu meiner Wirklichkeit. Aber, sie besitzen Wirklichkeit nur für mich.

Ebenso ist es mit dem Phantomschmerz, aber auch mit dem wirklichen Schmerz.
Ist es nicht so mit allen Empfindungen, Erkenntnissen, Einsichten?
Wie ist die Frage nach der wahren Wirklichkeit zu beantworten?

Was ist gemeinsames Bewusstsein? Was gilt für alle?
Was ist irregeleitetes, was getäuschtes Bewusstsein?

Was ist im Bewusstsein eines absoluten Geistes?
Was ist im Bewusstsein Gottes?

Gott hat den Menschen mit Bewusstsein ausgestattet. Damit hat der Mensch eine eigene Welt.

Er kann etwas aus sich schaffen. Er besitzt sekundäre Schöpfungskraft und Schöpfungsmacht. Alles, was der Mensch damit macht, ist in seinem, aber auch im Bewusstsein Gottes.

Wenn der Mensch nicht mehr ist, bleibt das, was er in seinem Bewusstsein hatte, im Bewusstsein Gottes erhalten. Nichts geht verloren. Alles bleibt immer. Das Gute wie das Schlechte.

Im Bewusstsein Gottes wird aber nur das Gute erkannt und anerkannt. Was geschieht mit dem Schlechten im Bewusstsein des Menschen?

Es wird verwandelt. Durch die Heilstat Jesu. Es ist schon gewandelt. Ansonsten wären die Verursacher verloren. Insofern hat Gott verziehen, stellvertretend gesühnt, ver-geben. Das Vergeben ist auch eine Gabe.

Die Schuld ist geschehen. Sie kann nicht vernichtet werden. Sie wird weg-gegeben, ver-geben, ge-nommen. Gott nimmt sie.

So wie er alles gegeben hat, so nimmt er auch alles, was das Gegebene verunreinigt. Er macht einfach alles - und wir nichts, außer Verunreinigung.

Für dich ist immer alles so, wie du glaubst, dass es ist.
Unser Bewusstsein ist ein Bewusstsein des Glaubens.

Was ist mit einer möglichen Differenz zwischen dem Bewusstsein meines Glaubens und der wirklichen Wirklichkeit?
Ist mir an der Wahrheit gelegen?

Das beständige überprüfen, hinterfragen, verifizieren wollen ist nicht nur berechtigt, sondern auch angebracht.

Wenn das Bewusstsein auf Glauben beruht: Wem glaube ich?
Wenn ich nur mir glaube, aber auch wenn ich meinem Nachbarn glaube, dann ist Zweifel angebracht. Was ist mit dem Nachbarn? Wem glaubt er? Etwa mir?

Es ist letztlich nur der Wahrheit zu glauben. Eine Wahrheit muss es geben, denn **es ist ja letztendlich alles so, wie es in Wahrheit ist.**
Daran ist nicht zu zweifeln, dass es ist, wie es in Wahrheit ist.
Wer aber weiß, wie es in Wahrheit ist?

Es muss ein Bewusstsein geben, das weiß, wie alles ist.
Dieses Bewusstsein kann aber nicht in einem Abhängigkeitsverhältnis zum Sein stehen, so wie es bei uns Menschen der Fall ist: Etwas ist, und wir glauben zu erkennen, wie es ist.

Nein: Das Ur- und All-Bewusstsein ist vor dem Sein. Nur so kann es wissen, was geworden ist, bzw. was das Ur-Bewusstsein geschaffen hat, was aus dem Ur-Bewusstsein hervorgegangen ist.
Nur diesem ist zu glauben.

Die Frage ist also: Wie kommen wir in Einklang mit dem Ur-Bewusstsein?
Das Ur-Bewusstsein und das menschliche Bewusstsein, unser Bewusstsein, mein Bewusstsein, müssen beide personal sein. Harmonie und Einklang sind nur von Person zu Person herzustellen.

Gibt es die Möglichkeit der Beziehung meines Bewusstseins zum Ur- (göttlichen) Bewusstsein?
Gibt es hier die Möglichkeit einer Beziehung von Person zu Person?

Was ist eine Person?
Eine Person bedeutet Freiheit.
Meine Freiheit ist begrenzt. Oft genug ist sie so sehr begrenzt, dass ich daran zweifle, ob sie überhaupt existiert. Wenn sie aber nicht existieren sollte, so wäre ich keine Person.

**Wenn aber das Sein von der Ur-Person abhängt, und nicht umgekehrt, dann ist diese Ur-Person absolut frei. Sie ist die Freiheit in Person.
Ihr allein ist zu glauben.**

Wie und was erfahre ich von ihr?

Die ersten Worte Jesu im Johannes-Evangelium lauten:
Was wollt ihr bzw. Was sucht ihr?

Wir suchen und wollen die Wahrheit.

Kapitel 2

Einsicht:
(Zwischen Karsamstag und Ostersonntag 2012 auf der MS Europa im Persischen Golf)

Alles Sein außer Gott ist Bewusstsein Gottes.

Ich bin: Ein mir bewusst gewordener Gedanke Gottes.

Mir, dem Gedanken Gottes ist es zu eigen gegeben, selbständig zu werden, und mich ihm gegenüber stehend zu sehen. Gott hat mich aus sich herausgeschält – und mich doch in ihm gelassen.

Die Welt ist deswegen, weil sie Bewusstsein Gottes ist.
Die Welt ist, ja alles Sein ist, weil sie und es Gott bewusst ist.
Ohne im Bewusstsein Gottes zu sein, wäre nichts vom Sein.
Die Welt ist geistige Vorstellung Gottes.

Nicht realiter ist sie in unserem üblichen, materiellen Sinne.
Nichts „Reales" gibt es, nur Bewusstsein Gottes.
Bewusstsein ist Geist.

Wir erhalten näherungsweise eine menschlich bescheidene Vorstellung von der Größe Gottes, wenn uns bewusst wird, dass alles, was ist, die gesamte Schöpfung, sich in seinem Bewusstsein vollzieht.

Der Mensch als Teil der Schöpfung ist in Gott-ähnlicher Weise ebenfalls mit eigenem Bewusstsein ausgestattet und hat Anteil, nimmt mit seinem Bewusstsein teil, im Bewusstsein Gottes.

Das Bewusstsein des Menschen ist ein dem Gottesbewusstsein analoges Bewusstsein.

Gott kooptiert für den Menschen.
Das Bewusstsein des Menschen muss in erster Linie und vor allem ein Antwortbewusstsein (nicht ein Echo) auf das Bewusstsein Gottes sein.

Ein Bewusstsein, das Gottes Bewusstsein nicht bestätigt, wäre absurd. Aus ihm könnte nichts Vernünftiges entstehen.

Auf diese Weise hat der Mensch Anteil an der wahren Erkenntnis Gottes und an der Schöpfung Gottes.

Schöpfung ist Schaffung im Bewusstsein.
Schöpfung ist Erweiterung des Bewusstseins.

Es ist das Wort Gottes, das schafft. Sprechen und denken sind eins. Es ist der ausgesprochene Gedanke Gottes - im Bewusstsein Gottes.

Jeder einzelne Mensch ist bewusst ausgesprochenes Wort Gottes, und er ist so geworden, dass er es hört, und dass er Antwort geben soll. Er soll Gott und sich annehmen.

Mir geschehe nach deinem Wort, soll seine Antwort sein.

Gott denkt es, und es ist.
Es ist, solange es von Gott gedacht wird.

Romano Guardini:

Immerfort
empfange ich mich aus deiner Hand.
Das ist meine Wahrheit und meine Freude.

Immerfort
blickt mich voll Liebe dein Auge an,
und ich lebe aus deinem Blick,
du mein Schöpfer und mein Heil.

Lehre mich,
in der Stille deiner Gegenwart das Geheimnis zu verstehen,
dass ich bin,
und dass ich bin durch dich
und vor dir und für dich.

Die immer währende Präsenz Gottes.
Selbst demjenigen, der gerne sagt, dass er an Gott glaube, ist die wirkliche, immerwährende Präsenz Gottes meist nicht bewusst.

Das Sein im Bewusstsein Gottes ist in Stufen gedacht.

Gott legt die Schöpfung des Kosmos in seinem Bewusstsein so an, wie wir Menschen sie in unseren Wissenschaften, wenn auch mit unseren Wissensgrenzen erkannt haben bzw. zu erkennen versuchen. Sie ist uns in Grenzen erkennbar.

Die Schöpfung geschieht als ein Prozess des Werdens über viele Stufen.

Alles Sein ist Bewusstsein, und es ist so wie der Gedanke Gottes es sich entwickeln lässt.

Das Höchste ist der Mensch. Er allein ist sich seiner selbst bewusst.

Gott erschafft in seinem Bewusstsein aus dem Anfang des Anfangs der Schöpfung, über die leblosen und über die lebendigen Strukturen den Menschen mit eigenem Bewusstsein.
Damit wird ihm Freiheit übergeben, und er wird sich selbst übergeben.

Alles Sein ist mit Gott verbunden. Allein der Mensch kann mit Gott in Verbindung treten.

Alles ist von Gott, und abartig ist es, wenn es Gott nicht glaubt. Nur der Mensch kann abartig sein.

Die Fliege, die Menschen und die Berge, die ich hier in Maskat sehe, sind und erkenne ich, da sie und ich im Bewusstsein Gottes sind.

Nichts ist, was nicht in Jemandes Bewusstsein ist.

Weil alles, was ist, Gedanke Gottes ist, kann nichts von allem vernichtet werden, es sei denn, es würde Gott vernichtet.

Gott hat dem von ihm geschaffenen Menschen die Freiheit der Gestaltung subsidiär überlassen. Das Überlassen ist im Gedanken Gottes, im Bewusstsein Gottes enthalten.

Wie ist die Verbindung von mir zu Gott zu verstehen?
Beispielsweise: Ich denke betend. Gott hört und empfängt. Das glauben wir.

Gott hört sicherlich nicht nur, weil ich ihn direkt anspreche. Wenn es auf diese Weise wirkt, dann empfängt und registriert Gott alles, was ich denke. Mein Geist, mein Bewusstsein vollzieht etwas – und Gott erfährt es, unmittelbar. Gott ist unmittelbar mit mir in Kontakt, immerwährend. Gott ist Geist.

So ist es im Verhältnis aller Menschen zu Gott: Zwischen ihm und dem Menschen besteht die unmittelbare, instantane, unverzögerte, zeitlose, immerwährende Gedankenübertragung.

Dies mag auch so gedeutet werden: Die Unmittelbarkeit besteht deshalb, weil wir Bewusstsein Gottes selbst sind. Wir sind, weil wir Bewusstsein Gottes sind.

Darüber hinaus haben wir ein eigenes Bewusstsein und eine Freiheit unseres Bewusstseins.

Nicht: Ich bin. Und: Gott ist.
Nein, ich bin, weil ich Bewusstsein Gottes bin.

Die Bedingung meines Seins, meines Lebens ist, dass Gott mich ununterbrochen denkt, mich denkend liebt!

Dieser Gedanke gibt unserer Vorstellung eine neue Richtung, eine Richtung hin zur Wahrheit. Er macht uns reicher und wahrer. Er zeigt die Schöpfung, wie sie wirklich ist (sein mag), wie sie von Gott ausgeht und von uns erwidert werden sollte.

Geistig sein – wirklich sein.

Geistig sein heißt, im Bewusstsein einer Person (seiend) sein.
Etwas existiert in unserem Bewusstsein unabhängig davon, ob es eine reale Entsprechung hat. Es existiert geistig.

Der Mensch ist Person. Er ist Körper und Geist, Leib und Seele. Wenn wir uns unserer selbst bewusst sind, dann sind wir uns unseres Körpers und unseres Geistes bewusst. Wir machen körperliche, seelische und geistige Erfahrungen. Das Bewusstsein ist aber Geist. Der Geist ist sich seiner Leiblichkeit bewusst, der für die Person (auf Erden) Voraussetzung ist, und er ist sich seiner selbst bewusst: Der Geist des Geistes. Der Geist ist sich seiner Geistigkeit bewusst.

Wenn der Geist nur instrumental wäre:
Es ist nicht möglich, dass sich eines sich selbst bewusst ist, wenn nicht anderes da wäre. Eines kann nicht allein in sich selbst seiend erkennend sein. Eine Spiegelung einer Identität geht nicht. Eine Spiegelung einer Identität wäre eine Nullspiegelung. Sie würde leer sein. Sie würde keine Erkenntnis bringen.

Wenn ein Geist nichts zu erkennen hätte außer sich selbst, würde er nichts erkennen.
Der Geist, das Bewusstsein erkennt sich in der Gänze seiner Person.

Ein Nur-Bewusstsein konstituiert keine Person.
Zur Person gehört die „Leibhaftigkeit", ohne damit körperlich begrenzt zu sein. Zur Person gehören das Bewusstsein, auch als Selbstbewusstsein, die Freiheit, der freie Wille, das heißt die Verpflichtung zum Guten-Sein, zum Leben.

Zur wahren Personalität des Menschen gehört das Bewusstsein, Geschöpf zu sein, und damit die Dankbarkeit des Geschöpfs und selbstverständlich der Glaube an den Schöpfer, die Einsicht in die Wahrheit.

Geistig sein als Beispiel eines abstrakten Vorgangs:
3 x 3 = 9 ist in meinem Geist. Die Multiplikation ist nichts anderes als die mathematische Verkürzung einer

Addition. Addition ist das Zählen von Einheiten und die richtige Zuordnung eines Mengenbegriffs. Dieser Denkvorgang geschieht in meinem Geist unsichtbar, abstrakt. Allerdings kann er auch in jedem anderen Bewusstsein eines Menschen erscheinen, sofern er geistiger Fähigkeiten mächtig ist. 3 x 3 = 9 wird von allen Geistern bestätigt.

Ein anderer geistiger Vorgang: Der Baum ist wirklich. Er ist materiell. Er ist eine organische Einheit. Er hat eigenes Sein. Er ist nicht nur, da er in meinem Bewusstsein ist. Ich kann ihn berühren. Er ist real. Er ist unabhängig von mir.

Der Baum macht ein Bild in meinem Geist, meinem Bewusstsein. Er wird dort bleiben können als Erinnerung, und ich kann ihn wiedererkennen. Und ich kann ihn leiden, oder nicht leiden. Er hat einen Geschmack.

Der Baum ist auch ohne mein Bewusstsein der, der er ist. Das heißt, er ist in seinem Sein in jemandes anderen Bewusstsein.

Wenn ich einen Baum pflanze, ist er nicht durch mich geworden. Ich habe ihn nicht gemacht, sondern ich habe die Möglichkeit genutzt, die in der Natur der Gattung Baum liegt, einen Anfang zu setzen für einen Baum an einer bestimmten Stelle. So ist es mit allen unseren Taten.

Konsequenzen dieses Gedankens, dieser „Theorie".

**Wenn alles „in Gott" (im Bewusstsein Gottes) stattfindet, ist Gott immer schon da.
Die Schöpfung beweist Gott.**

Er ist immer schon da, wo etwas ist, und wo etwas stattfindet.
Alles ist in Gott.
Wenn Gott nicht wäre, wäre nichts.

Betrachtung bezogen auf die immanente Schöpfung:
Wenn Gott kein Bewusstseinswesen in seinem Bewusstsein geschaffen (gedacht) hätte, würde nichts vom Geschaffenen irgendetwas erkennen, geschweige denn, Gott erkennen. Gott wäre alleine mit den „bewusstseinslosen" Geschöpfen. Es fände kein Gespräch statt.

Da wir aber Bewusstsein in Gottes Bewusstsein sind, sollten wir Gespräche führen, untereinander und mit Gott, und zu dritt.

Geburt, Leben und Tod finden in Gott statt. Auch der Kreuzestod Jesu findet in Gott statt.

Wenn man das nicht denken könnte, dann wäre diese „Theorie" falsifiziert.

Es ist die Theorie einer Gesamt-Einheit, eine Vereinigungstheorie von Gott, Mensch und Welt.

Gottähnlichkeit.

Der Mensch im Bewusstsein Gottes muss gottähnlich sein: Was erkannt, geschaffen wird, ist gemäß dem Erschaffer.

Der Mensch als Ebenbild Gottes bedeutet das Bild, welches Gott vom Menschen in seinem Bewusstsein hat.

Gott schuf den Menschen nach dem Bild, das er sich von ihm gemacht hatte, eben nach seinem Bewusstsein.

Die Allmacht Gottes verwirklicht sein Bewusstsein, macht wirklich, was in seinem Bewusstsein ist. Und es ist nur so lange wirklich, wie es dort ist.

Gott hat den Menschen gebildet in seinem Bewusstsein, und wir erkennen ihn und uns als abgebildet in der Welt.

Menschwerdung Gottes.

Menschwerdung im Bewusstsein Gottes:
Gott macht sich selbst zum Gedanken seiner selbst.
Er schafft in sich, in seinem Bewusstsein, sich selbst als einen Menschen: Jesus Christus.

Gottes Sohn unterstellt sich dem Vater-Gott im Bewusstsein Gottes und begibt sich in freiem Willen als Mensch, wie alle anderen Menschen, als Gedanke des

Vaters in die Schöpfungswirklichkeit. Als Gottes Sohn ist er als Einziger in völliger Übereinstimmung mit dem Willen des Vaters. Er ist das Vorbild des Menschen schlechthin, der Gerechte und derjenige ohne Schuld.

Die Folge der unausweichlichen „Sündenverfallenheit" des Menschen ist für Jesus, den Gottessohn, dass er von den Menschen zum Tode verurteilt und hingerichtet wird.

Dies beweist den sündigen Menschen und beweist den gerechten und treuen Gott in seiner unendlichen Güte und Liebe zu seinem Geschöpf. Die notwendige Konsequenz ist eine zweite Schöpfung durch die Auferstehung, der der Tod vorausgeht.

Die Welt- und Menschheitsgeschichte sind ein unendlich langer Weg zum endgültigen Geschöpf Gottes im Reich Gottes. Und das alles spielt sich im Bewusstsein Gottes ab.

Betrachtung zur Eucharistie.

Übereinstimmung der Bewusstseine von Gott und Mensch:
Die Aufnahme des Gottessohnes, des Leibes Christi, transsubstantiiert im Glauben durch die Kraft des Hl. Geistes, ist die vollkommene Harmonie bzw. Gleichschwingung oder sogar Identität der Bewusstseine von Gott und Mensch.
Gott selbst ist im Bewusstsein des Menschen.

Das Verhältnis Schöpfer und Geschöpf.

Gott hat uns in seinem Bewusstsein zu einem freien Wesen gemacht, und uns gleichzeitig damit ergriffen. Wir sind in Freiheit erkannt, anerkannt, geschaffen, ergriffen.

Wir ergreifen zurück im Ergriffensein. So besteht der Bund.
Wir sind im Bewusstsein Gottes, und wenn Gott in unserem (aktivem) Bewusstsein in rechter Weise ist, im Glauben und im Vertrauen, dann besteht die Einheit von Gott und Mensch, und dann ist der Mensch wahrhaft frei.

Wahrhaft menschlich ist es (zur Vollendung führend), das Ergriffenwerden zuzulassen und durch Ergreifen zu bestätigen:

Wir müssen das Geschöpfsein bestätigen durch Zugreifen unsererseits, durch freudigen Dank und durch unseren den Bund bestätigenden, erwidernden Willen.

Gott will, und ich will, freudig überrascht und dankend: Actio Gottes und Reactio des Menschen.

Ich erkannte, dass ich erkannt worden bin, und dass ich genau deshalb bin.
Dies erkannte ich in meinem Bewusstsein.

Alles was ich erlebe, erlebe ich als ein im Bewusstsein Gottes Seiender, wodurch ich geworden bin.

Aber ich erlebe es in meinem Bewusstsein. Mein Bewusstsein ist in Gottes Bewusstsein. Aber ich bin frei. Vielmehr: Gott lässt mich frei sein.

Was ich in meinem Bewusstsein erlebe, was ich denke und fühle, was ich plane und tue, alles ist auch in Gottes Bewusstsein, und er lässt mich sein. Gott will mich so. Ich bin Mensch in Gott. Ich soll Gott ähnlich sein in dem, was ich tue.

Da ist aber immer eine Differenz. Und diese Differenz spielt sich in Gottes Bewusstsein ab. Er muss mich ertragen, wenn er es denn will. Er will es, weil er mich liebt.

Alles was ich bin, ist immer auch unmittelbar in Gott: Mein Bewusstsein in Gottes Bewusstsein.

Ich bin da. Ich bin in Gott. Gott will mich. Gott liebt mich. Bin ich mir dessen bewusst?

So wie es mit mir ist, so ist es mit jedem anderen Menschen. Jeder ist Bewusstsein in Gottes Bewusstsein.

Ich nehme jetzt meinen Nächsten wahr, der ebenso wie ich dadurch geworden ist, dass er in Gottes Bewusstsein ist. Daher erscheint er in meinem Bewusstsein.

Ich nehme nicht nur Menschen wahr, sondern alles andere, die Erde mit Natur, Tieren und Pflanzen und den ganzen Kosmos, soweit ich dies alles wahrnehmen kann. Ich nehme es wahr als Schöpfung aus Gottes Bewusstsein. Ich habe Sinne für die Schöpfung. Ich erfahre die Schöpfung.

Die Schöpfung ist aus dem Geist Gottes. Die Schöpfung ist geistige Schöpfung. Die Schöpfung ist im Bewusstsein Gottes.

Das was wir als Sache empfinden, ist Geist der Schöpfung. Mit unserem Geist-Bewusstsein erfassen wir die Schöpfung in unserem Geist. Mit unserem schwachen Geist erfassen wir die Materialität der Welt als Sache, im Unterschied zu der geistigen Personalität des Menschen, die ja nur ein Teil des Menschen ist in seiner auch - Materialität.

Was sich im Bewusstsein eines anderen Menschen abspielt, erfahren wir nicht. Gott erlebt es unmittelbar.

Gott ist unermesslich groß. Wir sollten uns aber nicht in materiellen Dimensionen aufhalten, wenn wir über Gott nachdenken. Es ist sein Geist. Er ist es, der auch das schafft, was wir materiell nennen, das, was wir anfassen können.

Wir erleben in unserem Bewusstsein das Stoffliche auf geistige Art als „stoffliches Geschöpf" Gottes. Alles spielt sich im Geistigen ab. Wir können nicht sagen, dass es die reale Welt nicht gibt, dass alles nur ein Traum ist. Nein, es ist alles wirklich und wahr. Aber es ist Geist. In diesem Sinne ist Materie geistige Schöpfung, die wir in unserem Geist für Materie halten.

Im Bewusstsein Gottes ist die gesamte Welt gemäß dem geistigen Gesetz der Schöpfung in Bewegung hin zur Vollendung.

Eine entscheidende Erkenntnis: Infolge der nur-Geistigkeit Gottes (Gott ist Geist) ist Gott (unendlich schnell) immer präsent. Alles ist in ihm gleichzeitig, omnipräsent, in höchster geistiger Flexibilität, und deshalb allmächtig. Gott ist immer schon wo wir sind, wo alles ist, denn alles ist in ihm. Infolge der Omnipräsenz in Unmittelbarkeit, des ausschließlichen Gut-Seins Gottes und der Freiheit, welche daraus resultiert, ist Gott allmächtig.

Gott schafft aus seiner höchsten Geistigkeit alles, was er will, in höchster Potenz (Energie) nach seinem Gesetz, welches er einer Schöpfung in Bewegung auferlegen kann. Gott ist immer schon in mir, da ich in ihm bin. Er ist nicht wegzudenken. Wenn wir ihn weg denken, oder meinen, nicht beachten zu müssen oder leugnen, so findet dieser Konflikt zwar auch in unserem Bewusstsein (Gewissen) statt, letztlich aber in voller Konsequenz in seinem Bewusstsein. Wie lange wird er es ertragen und gestatten?

Alles was wir sind und tun geschieht doch aus dem Geist heraus.
Was ist denn materiell? Selbst wenn wir Materie bearbeiten, geschieht dies aus dem Geist.

Wenn wir sterben: Nicht der Geist und nicht die Materie sterben, sondern das irdische Leben, das Sein in der Form des irdischen, körperlichen, geistig-seelischen Seins stirbt.

Ich glaube dem Guten Geist. Er wird alles schaffen.

Sein und Bewusstsein. Sein und Geist.

Alles Seiende ist Teil des Systems Sein (Schöpfung). Nichts gibt es außerhalb dieses Systems.
Das, in dem letztlich alles Seiende in seinen unterschiedlichsten Gestalten seiend ist, ist der Geist, das Bewusstsein Gottes.

Was ist Geist? Wie sollen wir das beurteilen in dem wir bestehen, das, in dem wir sind?

Der reine, pure Geist ist Gott, der actus purus. Die allmächtige reine Wirkkraft des Guten Seins ist Gott, und Gott ist Person.

Wir, die wir immer auch materiell sind, müssen uns das reine Wirkkraft-Sein, das Gott-Sein außerhalb von Raum und Zeit und Materie denken.

Alles Seiende ist in Systemen seiend, in Formen, Gestalten, Strukturen.

Jedes System ist geistvoll, allein schon deswegen, weil es ein System ist, geordnet angeordnet ist.
Kein System, kein Seiendes ist ohne Geist. Ohne Geist wäre nichts.

Es ist unmöglich, dass sich der Geist aus Seiendem zurückzieht. Dies wäre ein Widerspruch. Was ist, ist geistvoll, Gottes voll. Geistlos ist nichts. (Hegel: Was wirklich ist, ist vernünftig, und was vernünftig ist, ist wirklich.)

Alles in dieser Welt Seiende ist in unserem Bewusstsein eine Mischform aus Geist und Materie, wobei Materie selbst eine Form, eine Ausprägung des Geistes ist.

Wir erkennen das vermeintlich geistlose nur in unserem Geist, in unserem Bewusstsein. Und wir erkennen es als geistlos? Wenn es aber im Bewusstsein Gottes ist, dann kann es nicht geistlos sein.

Alles ist im Bewusstsein Gottes. Alles ist geistiger Natur.

Der Fels als Gedanke Gottes.
Wenn der Fels Gedanke Gottes ist, dann ist er im Geist Gottes. Er ist nicht im Geist Gottes wie wir ihn materiell vorfinden. Wir finden ihn zwar auch in unserem Bewusstsein vor, aber wir stoßen uns an ihm körperlich, und er kann auf uns fallen und unseren

Körper vernichten. Wir erleben ihn in unserem Bewusstsein, in unserem Leben als materiell.

In Wahrheit ist er aber nur in unserem Bewusstsein, weil auch wir in Gottes Bewusstsein sind. In Wahrheit ist der Fels Gedanke Gottes, also geistig seiend. Der Fels selbst hat kein Bewusstsein.

Das Kleinste, das Bewusstseinslose (ein Löffel Sand) ist geistig, denn es ist, da es im Bewusstsein Gottes ist, und das Größte ist geistig, von Gott gefüllter Geist. Alles Mögliche ist wirklich in Gott.

Zwischen dem Kleinsten und dem Größten sind die Mischformen der Welt, auch der Mensch.

Der Kosmos unseres Bewusstseins verliert sich im Kleinsten und im Größten in Gott. Sind es an beiden Enden die Übergänge von Immanenz zur Transzendenz?

Einsicht und Bewusstsein.

Die Ideen, die in uns liegen, sind Strahlen aus dem Reich Gottes, die in uns hineinleuchten. Insofern ist das Reich Gottes inwendig in uns.

Wir sind nicht nur anwesend in der Raumzeit dieser Welt, sondern auch Teil der Dimension Gottes. In unserer Körperlichkeit sind wir den Bedingungen der Raumzeit unterworfen. Mit unserer jenseitigen Prägung, mit der Prägung aus der göttlichen Dimension, übersteigen wir die diesseitigen Bedingungen. Damit haben wir Einsicht auch in das Reich Gottes.
Wir sind Bewusstsein Gottes.

Gott stellt damit Fragen und stellt uns in Frage, wenn wir keine Antworten haben.

Haben wir unsererseits auch Gott in unserem Bewusstsein?

Im Bewusstsein Gottes ist alles Sein aufgehoben.

Alles Sein ist Bewusst-Sein Gottes.
Jedes Haar ist gezählt.

Gott ist alles unmittelbar bewusst, - alles Mögliche und alles Wirkliche. Insofern ist alles Mögliche in Gott schon immer wirklich.

Das Bewusstsein des Menschen ist das einem „Ich", einer Person, bewusst gewordene Sein. Es ist sowohl das Bewusstsein vom Ich, vom Inneren seiner selbst, als auch das Bewusstsein von äußeren Dingen.

Es gibt Sein (Ich, Person), das sich selbst als seiend bewusst ist.
Es weiß von sich.

Es weiß, dass es sich nicht selbst gemacht hat, und es weiß damit, dass es den Geber, den Schöpfer des Seins gibt.

Darüber hinaus weiß dieses Sein nicht nur von sich, sondern es empfindet.
Dieses Sein freut sich, und es weint.
Es hat eine Seele.
Es lebt.
So ist der Mensch.

Das Bewusst-Sein, das wissende und fühlende, das lebendige Sein, ist das eigentliche und menschliche Sein.

Das Sein, das sich nicht empfindet, und das niemandem bewusst ist, ist im eigentlichen Sinne nicht.

Sein ist Bewusst-Sein.

Alles, was im Bewusstsein Gottes ist, ist das Ganze, das „ALL", alles Sein in Gott.

Darüber hinaus gibt es nichts.

Die „Grenze" ist das Bewusstsein Gottes. Aber es gibt keine Grenze, weil hinter einer Grenze nichts wäre, und weil es das Nichts hinter der Grenze nicht gibt.
Deshalb gibt es keine Grenze.
Das Ganze, das „ALL" ist abgeschlossen, voll-endet, überfließend ausgefüllt.

Alone.
All-one.
Wenn alles eins ist, dann ist das Eine allein.
Alles spielt sich innen ab, innerhalb des Einen.
Wir sind derer viele in dem Einen, dem Ganzen,
im „ALL".

Das philosophische Denken ist im Bewusstsein des Menschen, und dieses findet im Bewusstsein Gottes statt. Der Mensch als Gedanke Gottes fragt nach Gott?

Die Philosophie des Menschen, des Menschen, der nach Weisheit sucht, ist in Gott, der die Weisheit selbst ist, der in allem ist, da alles in ihm ist. Ein Außerhalb gibt es nicht!
Alles was wir suchen ist in Gott (zu finden).

Daher ist es unverständlich oder vermessen vom menschlichen Geist aus auf Gott zu spekulieren, ihn beweisen oder leugnen zu wollen. Alles Sein beweist Gott.

Es ist immer wieder der gleiche Fehler der Vermessenheit. Der Mensch stellt sich in den Mittelpunkt und fragt dann nach Gott, ob es Gott gibt? Welch eine Verdrehung der Tatsachen, welch eine falsche Wirklichkeitswahrnehmung!

Die Bedingung der Möglichkeit des Seins ist Gott, das Bewusstsein Gottes.
Ich bin, weil ich im Bewusstsein Gottes offenbar geworden bin.
Gott hat mich den Anderen offenbart, geschenkt, wie Andere mir offenbart und geschenkt wurden. Alles geschieht auf Gegenseitigkeit.
Alles ist (nur) im Bewusstsein Gottes.

Es gibt nur Innen, nicht außen.
Ich werde zunächst anderen, und später auch mir offenbart.
Gott ist. Das ist die Voraussetzung.

Diejenigen, denen ich zuerst offenbart werde, sind schon Menschen mit Bewusstsein.

Sie sind vor mir. Sie sind vor mir als im Bewusstsein Gottes befindlich. Später erkenne ich sie. Danach gehen wir eine Zeitlang gemeinsam, ich übernehme deren Verantwortung. Danach werden mir meine Kinder geschenkt und offenbart: Der Weg des Volkes Gottes.

Gott, der Eine und das Ganze spricht uns an. Er offenbart sich, als das Ganze in Person.

Wir können das Ganze glauben als die Wahrheit, wie sie ist.

Wir können auch nicht glauben. Dann sind wir im Irrtum.

Alles findet im Bewusstsein Gottes statt.

Man ist geneigt zu sagen „nur", und meint ein wenig damit, dass es nicht „wirklich" ist.
Das ist der größte Irrtum!
Denn genau das ist die „Wirklichkeit": das Bewusstsein Gottes.

Auch sterben wir „nur" im Bewusstsein Gottes. Ist es jetzt weniger schlimm?

Die Hoffnung ist, dass uns Gott nicht für immer ausschließt, sondern uns wieder auferstehen lässt, in seinem Bewusstsein, für immer, dass wir für immer wirklich sind, in seinem Bewusstsein.

Alles ist Geist Gottes.
Und Gott ist Geist.

Schöpfung als Bewusstsein Gottes.

Das Sein wird vom Bewusstsein Gottes bestimmt, dem absoluten Sein.

Ich bin, weil ich Bewusstsein Gottes bin.
Bei diesem Gedanken empfinde ich so etwas wie das Einströmen von Glückshormonen. Da muss etwas von dran sein:
Ich bin im Bewusstsein Gottes.

Nicht ich bin (statuarisch), sondern Gott ist in mir, vielmehr: ich bin in Gott.
Ohne Gott bin ich nicht denkbar.

Unsere Wirklichkeit ist Sein im Bewusstsein Gottes.
Gott hat das Wort gesprochen und damit sind wir in seinem Bewusstsein, unvergesslich, und damit sind wir.
Wir sind in unserem Sein.

Die ganze Schöpfung ist Bewusstsein Gottes.
Jesus, der Sohn Gottes, das Wort Gottes, ist der Erstgeborene der Schöpfung.
Wir sind im Bewusstsein auch des Sohnes.

Auch sind wir in solcher Freiheit und Großzügigkeit in seinem Bewusstsein, dass er uns selbst den widernatürlichen Widerspruch und Unglauben erlaubt. Er duldet und erträgt diesen Konflikt seines Bewusstseins. Er erträgt uns, ja sogar unsere Feindschaft, wenn wir denn meinen, Gott anfeinden zu müssen.

Die natürlichen Reaktionen des Menschen allerdings sind Dank, Glaube, Vertrauen und Liebe.

Wir selbst sind ausgestattet mit Bewusstsein. Wir sind Bewusstsein im Bewusstsein Gottes.

Der Mensch ist geschaffen als eigener Bewusstseinsträger. Das, was für den Menschen wirklich ist, ist in seinem Bewusstsein, auch wenn es objektiv falsch sein sollte.

Der Mensch irrt, wenn das, was in seinem Bewusstsein ist, nicht im Bewusstsein Gottes ist. Aber er wird nach seinem Bewusstsein handeln, auch wenn es objektiv falsch ist.

Es muss unser größtes Interesse und unser größter Wunsch sein, nicht dem Irrtum zu unterliegen. Insofern ist es angebracht, in all unserem Handeln vorsichtig und wachsam zu sein. Denn nur das eine zählt: das Bewusstsein Gottes.
Nicht mein Wille, sondern dein Wille geschehe.

Machen wir uns immer wieder und immer häufiger bewusst: Wir sind nur, da wir im Bewusstsein Gottes sind. Dies ist die wahre Wirklichkeit.

Und: Wir sind selbst Bewusstseinsträger: Wir selbst besitzen ein Bewusstsein und auch ein Bewusstsein von uns selbst.

Wenn wir uns bewusst machen, dass wir uns (als Person) nur der Tatsache, dem immerwährenden Ereignis verdanken, dass wir im Bewusstsein Gottes sind, so treffen hier beide Bewusstseine, nämlich Gottes und unseres, aufeinander. Dies ist eine Wahrheitserkenntnis in des Wortes tiefster Bedeutung. Das gewordene Bewusstsein erkennt den Schöpfer. Diese Wahrheitserkenntnis kann nicht ohne Folgen sein. Sie erfreut beide.

Dies setzt voraus, dass wir immer schon wissen, glauben, glaubend wissen, dass Gott ist, immerwährend ist. Es setzt voraus, dass wir wissen, dass wir sind. Es setzt voraus, dass wir wissen, Gott ist der Schöpfer. Gott ist das Sein, und das Prinzip des Seins Gottes ist die Liebe. Von daher ist die Schöpfung. Er gönnt uns das mit-lieben. Von daher die Dankbarkeit des Geschöpfs - und alle logischen Konsequenzen.

Nur, was ist der Grund des Bösen?

Gott ist uns viel näher!

Alles ist Geist Gottes. Der Geist Gottes ist die immaterielle Wesenheit und Anwesenheit Gottes allüberall. Wir als Gedanke Gottes in unserer vermeintlichen Wirklichkeit, wir sind durch Ihn, mit Ihm und in Ihm.

Die Schöpfung ist eine geistige Schöpfung Gottes.
Was Gott denkt, das ist für ihn augenblicklich wirklich. Für uns, die wir auf diese Weise im Bewusstsein Gottes sind, wirkt es nach. Die Welt der Schöpfung als Gedanke Gottes wird für sie (die Welt) eine Schöpfungsgeschichte in Raum und Zeit.

So bin ich, so sind wir, so ist jeder Mensch geworden in der Abfolge der Schöpfung, der Evolution. Sie hat zum Menschen geführt, und sie ist nicht beendet.

Die Welt und die Schöpfung sind das Projekt Gottes, das mit seinem Denken und Gedanken mit dem Urknall in Bewegung gesetzt wurden.

Der Mensch ist in gewisser Weise frei. Andererseits wird er über die stetig fort- und ablaufende Zeit zwangsgeführt. Er wird bewegt. Innerhalb seiner Zeit hat er Gelegenheit Stellung zu beziehen, zu handeln.

Eine Stellungnahme entgegen der Wirklichkeit führt ihn unmittelbar in die Irre und in den Konflikt mit Gott.
Noch abstruser ist ein Leugnen Gottes, was einem Leugnen seiner selbst entspräche.
Wenn wir Gedanke Gottes sind, so können wir nicht Gott leugnen.

In der positiven Betrachtung gewinnt der Mensch seine wahre Freiheit in der Erkenntnis seiner gegebenen Wirklichkeit und in der Anerkennung Gottes.

Gott ist in allem und alles ist Gott und alles ist im Bewusstsein Gottes. Gott ist in mir wie in allen Menschen, und alle sind in Gott, auch wenn sie es nicht annehmen.

Verheerend sind die Handlungen des Menschen aus dem falschen Wirklichkeitsverständnis: Die Sünden. Sie bilden das Elend der Welt.

Cusanus: Non aliud
Außer Gott gibt es nichts anderes. Zu Gott gibt es kein anderes, vor allem nicht das Nichts.

Aber – es gibt etwas unglaublich Großes:
Der Mensch als Bewusstsein Gottes, vorausgesetzt er ist in diesem glaubenden Wissen, kann sich unmittelbar an Gott wenden und Ihn um etwas bitten. Jesus selbst hat dies an vielen Stellen des Neuen Testaments zum Ausdruck gebracht. Die Bitte an Gott aus dem Bewusstsein Gottes heraus, in welchem sich ja der Mensch existenziell befindet, zeitigt unmittelbar Wirkung.

Eine neue Erkenntnis sagt uns:
Nicht: Ich denke, also bin ich.
Sondern: Ich denke, also bin ich ein denkender Gedanke Gottes – ein Gedanke Gottes, welcher denkt.

Ich bin. Gott ist. Ich bin nicht Gott, aber ich bin in seinem Bewusstsein. Ich werde von ihm getragen und auch ertragen, wenn ich mir dessen nicht bewusst bin. Denn er hat mich mit Bewusstsein ausgestattet, welches fehlgeleitet und im Irrtum sein kann. Aber er ist gütig und barmherzig, und er liebt mich.

Ich bin sekundär autonom. Ich soll autonom sein, aber wirklichkeitsgemäß als Gottes Geschöpf, d. h. durch ihn, mit ihm und in ihm, in Dankbarkeit und Liebe.

Wir „unter-stehen" Gott. Gott hat uns so geschaffen, in genau dieser Wirklichkeit.

Streicht uns Gott aus seinem Bewusstsein, wenn wir sterben?
Dies ist undenkbar. Aus Gottes Bewusstsein kann nichts verloren gehen. Wir können uns nur selbst ausschließen und unwirklich und unwirksam machen: Die Sünde wider den Geist Gottes. Wenn wir Gott bewusst nicht glauben, schließen wir uns aus seinem Bewusstsein selbst aus.

Obgleich wir als Gedanke Gottes im Bewusstsein Gottes stehen, so müssen wir dennoch sterben und wieder auferstehen. Warum?

Der Mensch als freies Geschöpf, als Freiheitswesen im Gedanken Gottes, versagt in seiner ersten Schöpfung, weil er die Wirklichkeit verkennt und sein möchte wie Gott, und nicht Gott unterstellt.

Der Mensch versagt, obwohl er Gedanke Gottes ist, weil er in seiner Größe, wie er gedacht war, in Freiheit versagen konnte, (so war er gedacht), und so ist es geschehen. Deshalb hat in gewisser Weise auch Gott „versagt", und er leidet darunter.

Gibt es einen mächtigen Störsender, der uns und unser Bewusstsein vom Bewusstsein Gottes trennen will?

Bewusstseinskonflikte.

Die Abweichungen des menschlichen vom göttlichen Bewusstsein.

Wenn der Mensch sich als Atheist bezeichnet:
Der Mensch als Gedanke Gottes macht sich selbständig und trennt sich von Gott ab.
Der Mensch formt in seinem Bewusstsein den Gedanken, der sich von Gott lossagt.
Der Gedanke ist frei.
Dies spielt sich im Bewusstsein Gottes ab.
Der Mensch, als Gedanke Gottes, tut ihm (Gott), Leid (an).
Die Geister, die ich rief (meine Gedanken), werd ich nun nicht los.

Das relative Bewusstsein im Konflikt mit dem absoluten Bewusstsein.
Der Mensch ist im Konflikt mit Gott.
Die Konfliktsituation ist in zweifacher Hinsicht:
Einmal in der „Unvollkommenheit" aller Dinge,
und zum anderen in der Unvollkommenheit des Menschen, die dazu führt, dass der Mensch seine Freiheit missbraucht, oder einfach vergisst und schuldig wird.

Dieser Konflikt, der sich im Bewusstsein Gottes abspielt, wird korrigiert werden müssen. Dies kann nur Gott, der Vollkommene, der Vollständige. Die Welt, die Schöpfung, der Mensch ist der Ort der Abweichung.

Wie ist die Abweichung in die Welt gekommen?
Wenn des Menschen Bewusstsein von Gottes Bewusstsein abweicht, dann trifft unser (falscher) Bewusstseinsakt Gott. Gott leidet.

Wir „treffen" auf Gott, wir „treffen" Gott mit unserer Schuld. Gott vernichtet sie und mich nicht, sondern absorbiert. Er lässt zu.

Er stellt sich uns in den Weg und federt unsere Sünden und Schuld ab. Er verhindert deren „endgültiges" Wirksamwerden.

Unsere bewussten Handlungen treffen niemals genau in Gottes Wirklichkeit. Wir sind niemals vollkommen. Wir weichen immer ab: Dies ist die „Erbschuld".

Der Mensch ist gegeben mit eigenem Bewusstsein. Dieses Bewusstsein wird von ihm gesteuert. Dies kann im bösen Falle im Konflikt sein mit sich selbst, denn Gott selbst ist in ihm selbst.

Konsequenzen der neuen Sicht.

Gott ist immer bei dir, aber du bist nicht immer bei ihm.

Wenn Gott bei mir ist (er ist immer bei mir, da ich immer in seinem Bewusstsein bin), aber ich nicht bei ihm (wenn Gott nicht in meinem Bewusstsein ist, da ich nicht an ihn denke), dann haben wir uns nicht getroffen, sind uns nicht begegnet. Begegnung findet erst statt, wenn jeder beim anderen ist. Das ist das Wesen der Liebe: Sie ist immer im anderen.

Ich bin beim anderen: Ich hole den anderen in mein Bewusstsein.
Oder: Ich gehe aus mir heraus und überantworte mich dem anderen. Ich lasse es zu, dass ich im Bewusstsein eines anderen bin. Das Ich in mir ist so auch im anderen.

Die Vorstellung, im Bewusstsein Gottes zu sein, fordert mich auf, dies immer wieder zu vergegenwärtigen, permanent glaubend zu leben.
„Im Glauben" versuche ich möglichst häufig, aber unvollkommen, geistig bei ihm, bei Gott zu sein. Ich lenke mein Bewusstsein zu ihm, indem ich denke und spreche: „Ich glaube".

Im Bewusstsein Gottes bilden Gott, mein Mitmensch und Ich eine Trinität.
Die Einheit, der Bund, welcher mich, den Mitmenschen und Gott verbindet ist ein Bund gegenseitiger Liebe. Das ist das, was uns halten sollte.
Der Mensch wird im Du erkannt. Er wird durch das Du.
Ich bin erkannt von Gott, und ich erkenne mich im Du des Mitmenschen, der ebenfalls von Gott erkannt ist.
Wir haben eine gemeinsame Quelle.

Konsequenzen für die „reale" Welt.

Was wir als „reale" Welt erleben ist (nur) Bewusstsein Gottes?

Die Realvorstellung, die materielle Vorstellung, die wir von der Welt und von uns haben, entspricht nicht der

Wirklichkeit. Es ist eine verständliche zwar, aber eine Fehlvorstellung.

Bin ich überhaupt? – Ja, sicher.
Aber wie ich bin, wie ich wirklich bin, weiß ich nicht. Ich weiß alles nur aus den Erfahrungen des Seins, so wie wir eben Sein erfahren. Ob diese unsere Erfahrungen die wirkliche Wahrheit offenbaren? Wer weiß das schon?

Ist das, was ich anfasse, wirklich so wie es mir scheint, erscheint? Jedenfalls die Menschen machen die gleichen, vergleichbaren Erfahrungen. Es ist nicht so, dass einer etwas ganz anderes erfährt als der andere.

Wir machen die Erfahrungen mit unseren Sinnen und unserem Geist. Wir machen geistige Erfahrungen mit dem Materiellen. Wir wissen aber auch, dass wir Erfahrungen nur in der geistigen Vorstellung machen können.

Wie erfährt der Fisch im Wasser die Welt? Wie ist es mit niedrigeren Wesen als wir, die nur einen schwachen bis gar keinen Bewusstseinsgrad besitzen? Sehen wir deren Welt nicht realistischer, wahrer als sie selbst?

Was ist aber mit Wesen, die einen höheren Bewusstseinsgrad besitzen als Menschen?
Auch sind schon Bewusstseinsfähigkeiten der Menschen sehr unterschiedlich. Erfährt nicht das je höhere Bewusstsein die Wirklichkeit wahrer?

Am Ende kann nur das Absolute wirklich die wahre Wirklichkeit abbilden. Muss der absolute Gott nicht in seinem Bewusstsein die ganze Schöpfung darstellen können, ohne dass sie im Sinne des Geschöpfes (des Menschen) real anfassbar wird, materiell wird? Ist es nicht dem absoluten Geist ein Leichtes, Schöpfung zu machen, ohne dass sie materiell anfassbar sein muss? - Aber sicher doch!

Die Materialisierung der Schöpfung in Raum und Zeit aus dem absoluten geistigen Bewusstsein, aus der Liebe des Schöpfers, ist für Gott nicht notwendig. Die Schöpfung ist in seinem Bewusstsein!

Wie bin ich aus der Sicht des Absoluten? Wie bin ich in Wahrheit?

Schöpfung als Bewusstsein Gottes und als Wort Gottes.

Auch das, was wir „real" nennen ist Geist Gottes.
Ist vielleicht alles für uns Materielle, wie der Baum, für Gottes Bewusstsein (nur) geistiger Art?

Konsequenz wäre: Alles Materielle ist dadurch geschaffen, dass es in Gottes Bewusstsein ist, und nur da. Alles, die ganze Schöpfung, ist (nur) geistig (in Gott).

Hierdurch wird er (der Baum) für den Menschen, der wiederum Materielles und Geistiges zugleich ist, als

Schöpfungsgegenstand materiell, und auch mit der Möglichkeit, im menschlichen Geist ein Bild zu erzeugen.

Der Mensch wie der Baum sind dadurch real (was der Mensch real nennt), dass sie in Gottes Bewusstsein sind. Der Mensch mit eigenem Bewusstsein, der Baum ohne eigenes Bewusstsein.

Der Mensch denkt, der reale Zustand sei ein eigener Zustand, vielleicht ein Fertigungszustand aus Gottes Hand, aber er denkt nicht, dass dieser „reale" Zustand seiner Erfahrung ein Bewusstseinszustand Gottes ist, in dem er sich, der Mensch, selbst befindet.

Letztlich ist alle Schöpfung Geistigkeit in Gott. Wir sehen in Gottes Bewusstsein. Wir haben Anteil daran.

Da wir aber selbst mit der Qualität des Bewusstseins ausgestattet sind, erzeugen wir selbst Schöpfung durch unser Bewusstsein, an dem wiederum Gott Anteil hat.

Deshalb ist es entscheidend, dass unsere Schöpfung nicht im Widerspruch zu Gottes Schöpfung sein darf. Auch müssen wir uns so verhalten wie Gott es erwartet und will. Ansonsten gibt es einen Konflikt in uns und in Gott. Eine Kollision der Bewusstseine.

Die Dinge der Schöpfung, welche Gott gemacht hat, wie Sonne, Mond und Sterne, sind für Gott (nur) im Geiste, da er selbst auch (nur) Geist ist. Gott hat das geistige Schauspiel von Sonne, Mond und Sternen.

Das „nur" ist keine Einschränkung, sondern im Gegenteil eine Überhöhung. Gott ist in einer höheren Dimension, in der alles für den Menschen „Reale" geistig ist. Ein „nur" wäre also völlig unangebracht; als ob der Mensch etwas könne, was Gott nicht kann, nämlich Bäume anfassen.

Die Körper der Welt erkennen sich nicht und sind sich ihrer nicht bewusst. Für sie sind sie nicht. Sie sind nur für das geistige Wesen, durch den sie auch geworden sind.

Bei hoch entwickelten Tieren ist es schon anders. Sie haben Bewusstsein, wenn auch in geringem Maße. Ein Zeichen mehr dafür, dass alle Entwicklung kontinuierlich geht, und alles in allem enthalten ist.

Solch ein Ding der Schöpfung wie Sonne, Mond und Sterne ist der Mensch in seiner Dinglichkeit ebenfalls im Geiste Gottes. Aber der Mensch ist mehr. Er selbst ist nicht nur Ding, also Körper, sondern darüber hinaus auch Geist, mit einem klaren Kopf. Der Mensch ist geteilt. Er ist Körper und Geistseele.

Aus diesem Grunde ist auch unser Bewusstsein gemindert gegenüber dem Bewusstsein Gottes. Die Dinge, die für Gott, wie ein Schauspiel in einem Planetarium, geistig erlebt werden, ohne dass sie real und anfassbar werden müssen, werden für den Menschen „fassbar", sie sind körperlich, ebenso wie der Mensch auch seine eigene Körperlichkeit anfassen kann. Der Mensch ist eben von geringerer Dimension als Gott.

Für den Menschen ist die Schöpfung Gottes körperlich fassbar, berührbar, und geistig erfassbar, denkbar, erkennbar, also mittelbar.

Für Gott ist alles geistig, und damit unmittelbar gegeben. Alle Schöpfung wird erst durch den schöpferischen Bewusstseinsakt Gottes.

Die Dinge werden dadurch, dass Gott sie sagt, ausspricht, eben durch das Wort Gottes.

Die Körperlichkeit der Welt besteht nur für den Menschen. Gott kann den Mond nicht anfassen. Er kann überhaupt nicht anfassen, er braucht es nicht. Das Anfassen ist eine Krücke für den Menschen.
Fassen wir den Mond an, so fassen wir in Gottes Bewusstsein.

Resümierende Einsicht:
Alles wird dadurch geschaffen, dass es im Bewusstsein Gottes ist, das Materielle wie das Geistige.
(Besser: Das Materielle mit einem Geist-Anteil, mit Bewusstsein; denn der reine Geist ist nicht als Geschöpf in der Welt).

Es gibt das Leblose, was nur materiell ist, und es gibt das Materielle, welches mit eigenem Bewusstsein ausgestattet ist, der Mensch. Er ist „leibhaftiges" Bewusstsein, Geist in einem Körper-Gefäß. Beide zusammen bilden den Leib des Menschen.

Und es gibt dazwischen das Lebendige mit einem Instinkt-Bewusstsein, das nichts von sich und der Welt weiß.

Das, was **nur materiell** ist, erkennt sich nicht selbst, und es ist nur dadurch, dass es von einem Bewusstsein erkannt wird. Materielles kann mit anderem Materiellen in Kontakt kommen. Es kann von anderem Materiellen getrennt sein im Raum, und es kann anderes Materielles berühren. Materielles zieht anderes Materielles im Raum an. Es besteht eine Anziehungskraft in der Gravitation.

Alles **Leben** besteht aus Körper und Seele, aus Materiellem und aus seelisch-geistigem Bewusstsein unterschiedlichster Ausprägung.

Das Leben der einfachsten Lebewesen besitzt ein motorisch reflexartiges Instinkt-Bewusstsein. Das Leben des Menschen besitzt ein seelisch-geistiges Selbstbewusstsein in Freiheit.

Das Leben ist ein Zugleichsein von Materiellem und Geistigem. Die lebenden Wesen, insbesondere der Mensch, sind dadurch geschaffen, dass sie in dieser Wesenhaftigkeit, in der Gestalt des Zugleichseins im Bewusstsein Gottes sind.

Der Menschen erlebt bewusst, dass er wegen seines materiellen Anteils anderes Materielles berühren kann, und er erhält so die Erfahrung, des „festen" Materials. Gleichzeitig erfährt er es bildhaft in seinem Geist.

Der Mensch kann in seinem Geist und Bewusstsein das Materielle erfinderisch, schöpferisch gestalten und verändern, und er kann es mit Hilfe der Körperlichkeit seiner selbst und der des Objekts ausführen. So schafft sich der Mensch in seiner sekundären Schöpfungskraft, in seinem eigenen, ihm von Gott gegebenen Bewusstsein, seine Welt. Und das soll er auch. Dem materiellen Schöpfungsakt des Menschen geht immer ein geistiger Schöpfungsakt voraus.

Diese seine eigene Welt kann und soll von ihm so gestaltet werden, dass sie dem Willen Gottes entspricht.

Der Wille Gottes ist im Bewusstsein des Menschen angelegt. Der Wille des Menschen soll mit dem Willen Gottes übereinstimmen, ansonsten erwächst ein Konflikt zwischen dem primären und dem sekundärem Schöpfer, der nicht sein soll und nicht sein darf. Wenn er dennoch ist, so ist dies Sünde, und Gott wird sie nicht dulden. Er kann das Werk der Sünde zugrunde richten, und er kann dem Sünder vergeben – oder auch nicht.

Die Entstehung des Menschen (des Volkes Gottes) als Schöpfung in seinem Bewusstsein.

In schier unendlichen Zeiten und in stetig wachsenden Räumen erschafft das göttliche Bewusstsein die Voraussetzungen des Menschen.

Gott schafft den Menschen so, dass er zunächst die Dinge schafft, aus denen der Mensch bestehen wird. Es ist der Prozess des Werdens, der im Bewusstsein Gottes (als Prozess, das heißt im Rahmen der Zeit) so angelegt ist und sein Wille ist.

In diesem unbegreiflichen Prozess des Werdens erschafft Gott eine Welt, in der aus Energie und Gesetz die Dinge, die Prozesse und die Ordnungen des Kosmos entstehen, aus denen eines Tages das Leben, und Milliarden von Jahren später der Mensch erwacht.

Aus den ersten Übergängen vom Tier zum Mensch wird dieser zur Spezies eines Homo sapiens aufsteigen, ausgestattet mit Intelligenz, Vernunft, Selbstbewusstsein, Willenskraft und vielen anderen Prädikaten eines überragenden Wesens.

Wohin wird sich der Mensch noch entwickeln? Es wäre vermessen anzunehmen, dass der Prozess der Schöpfung schon an sein Endziel geraten wäre.

Allen Etappen, die geworden sind, gehen niedrigere Stufen voraus. Der bewusste Mensch erforscht die niedrigeren, ihm voraus gegangenen Entwicklungsstufen. Aus diesen Erkenntnissen entwickelt er seine Umgebung, seine Welt weiter, so dass sie ihm gefälliger und wohl-tuender wird.

Alles was entsteht, entsteht in Stufen. Und alles in einer Stufe neu Gewordenes (das, was die Stufe zur Stufe macht), ist in der Vor-Stufe immer bereits enthalten, aber in einer anderen Form.

So ist alles bereits im Anfang enthalten, und vor dem Anfang war der, der den Anfang gesetzt hat. In ihm ist das Ganze des Seins, die Vollkommenheit.

Der Fortgang der Entwicklung:
Der Mensch wird zum Mit-Gestalter der Welt.
Dies tut er unter Nutzbarmachung der Energien, die sich in der Natur von Anfang an befanden, und die nie verloren gehen („Gesetz" der Energieerhaltung) und unter Nutzung der Gesetze des Kosmos, die in den Anfangsbedingungen enthalten waren uns immer erhalten bleiben, welche er (der Mensch) sich durch empirische Wissenschaft und rationale Logik erschließt.

Unsere Ideen und Artefakte sind, weil sie in und aus unserem Bewusstsein sind.
Dies ist unsere Schöpfung.

Für uns ist etwas wirklich, wenn es in unserem Bewusstsein ist.
Für Gott ist auch das Mögliche wirklich, denn es ist alles in seinem Bewusstsein.

Wir aber sind, weil wir in Gottes Bewusstsein sind.
Ein Geschöpf, welches Selbstbewusstsein besitzt, und evidenter Weise weiß, dass es ein Geschöpf ist, hat den

Schöpfer notwendig im Bewusstsein, andernfalls hat es ihn bewusst „verdrängt".

Es ist also „natürlich", Gott im Bewusstsein zu haben. Es ist eine Art Reflexion. Das geschenkte Bewusstsein spiegelt im Bewusstsein den Schenker, die Quelle des Bewusstseins.

Das Verdrängen Gottes aus unserem Bewusstsein ist widernatürlich, und im Sinne Satans.

Der Glaube an Gott ist die unbedingte Voraussetzung (conditio sine qua non) eines Überlebens der Welt. Andernfalls befänden wir uns im kontradiktorischen Gegensatz zur wahren Wirklichkeit, die im Bewusstsein Gottes liegt und alles bestimmt.

Mit den Augen des Körpers sehen wir Gott nicht, da er nicht körperlich ist.
Aber wir sehen ihn mit den Augen des Geistes. Gott zeigt sich, und er offenbart sich. Und wir sind so ausgestattet, dass wir ihn erkennen können.

Ich bin, weil ich im Bewusstsein Gottes bin. So ist es mit meinen Nächsten, so ist es mit allen Menschen. Wir sind auf gleicher Höhe, und erwartungsvoll. In dieser Hinsicht sind alle Menschen gleich. Wir sind uns geschenkt, und wir warten auf endgültige Befreiung.
Ich glaube.

Wenn in meinem Bewusstsein etwas Gutes ist, dann ist es in Harmonie mit dem seinsbestimmenden Bewusstsein Gottes. Das Höchste ist, wenn in des Menschen Bewusstsein Gott selbst ist. Wenn er an Gott denkt, dann treffen sich beider Bewusstseine und tauschen sich aus. Denn Gott denkt immer an den Menschen.

Umgekehrt, wenn in des Menschen Bewusstsein Negatives ist, dann findet er keine Unterstützung durch Gott. Im Gegenteil, es ist die Gottferne, die ihn trifft.

Unsere mögliche Zukunft (im „Himmel"):
Die Harmonie der Bewusstseine von Gott und Mensch.

Wir verlassen die materielle Welt (im Bewusstsein Gottes) und werden lebendiges und glaubendes Bewusstsein des göttlichen Bewusstseins. Die Transformation findet im Bewusstsein Gottes statt.

Wir glauben und sind – Bewusstsein eines Bewusstseins. Damit sind wir allen Gefahren entzogen – solange Gott Gott ist. (Dieser Vorbehalt ist typisch Mensch.)

In diesem Leben haben wir den materiellen Körper und das geistige Bewusstsein. Nach dem Tod ist der Körper verloren und geht in Verwesung über. Die Strukturen zerfallen in ihre Bestandteile, in ihre ehemaligen Bausteine.

Mit unserem irdischen Bewusstsein vergeht für uns die Körperlichkeit der Welt. Da wir dann ausschließlich Bewusstsein Gottes sind, ohne das irdische Bewusstsein des Menschen, ist die Welt für uns gestorben.

Wir glauben, dass der Geist, möglicherweise auch mit einem geistigen Körper, erhalten bleibt in der „Auferstehung". Wenn es so wäre, würde nur die Körperlichkeit sich ändern, und zwar von einer materiellen Körperlichkeit zu einer geistigen, verklärten Leiblichkeit.

Wir hätten einen Ortswechsel vollzogen: von einem Sekundär-Ort in Mittelbarkeit infolge unseres freien Willens, zu einem Primär-Ort in Unmittelbarkeit in der Harmonie unseres Willens mit Gottes Willen. Beide Orte aber sind im Bewusstsein Gottes.

Der Verlust des materiellen Anteils bedeutet für den Menschen einen Aufstieg in eine höhere Dimension.

Mit einem reinen Geistwesen, wie Gott, einem Engel, oder einem nach dem Tod verklärten Menschen, kann das irdische Hybridwesen Mensch nicht kommunizieren wie er es mit Seinesgleichen kann. Es sind zwei wesentlich unterschiedene Dimensionen.

Böses im Bewusstsein Gottes?

Satan ist ein mächtiges Geschöpf, ein Engel, ein reines Geistwesen.
Ist Satan als Geschöpf Gottes ebenfalls im Bewusstsein Gottes?
Auf jeden Fall.

Satan ist Person und von daher im Besitz von eigenem Bewusstsein, in Freiheit.
Er wird zum Antipoden Gottes, der Neid zur Liebe (ein Gefühl, das wir kennen). Er verkörpert das Böse schlechthin. Satan wendet sich, obwohl im Bewusstsein Gottes befindlich, gegen Gott. Im Bewusstsein Satans ist das Anti-Gott-Sein. Er erkennt sich selbst als gottähnlich, will aber Gott-gleichheit und steigert sich in die Hybris, die Macht ergreifen zu können, der Mächtigste zu werden.

Er ist für den Menschen die personifizierte Versuchung, denn er will das Böse ausbreiten.
Satan versucht den Menschen und auch den Menschen-Sohn.

Gott lässt das Unkraut wachsen bis zum Tag des Gerichts.

Oder: Sind wir auch im Bewusstsein Satans?
Sind wir das Streitobjekt zweier Bewusstseine?
Das kann nicht sein, denn es gibt nur ein Schöpferbewusstsein.

Im Bewusstsein Gottes ist alles Sein mit der Auflage, gut zu sein (sofern es denn bewusstes Sein ist). Das Bewusstsein Gottes ist wesenhaft ein „moralisches" Bewusstsein. Nur so kann Sein immer-während sein! Und das soll es!

Die Freiheit des Menschen ist nur eine Scheinfreiheit, wenn man meint, er habe die Option zum Schlechtsein.

Der Mensch im Bewusstsein Gottes soll also nur gut sein!

Anmerkung zum Teufel bzw. dem Bösen im Menschen:
Es scheint ihm möglich zu sein, Schöpfung zu behindern, zu beschädigen zu zerstören.
Dies ist aber genau das, was der Mensch ebenfalls verursacht.
Was lässt ihn so sein?
Ist der Mensch der Teufel?

Wenn er aber Schöpfung zerstören kann, dann macht er etwas, was er nicht soll. Er kann also auch etwas machen, was in „Schöpfung" nicht enthalten ist. Was ent-deckt er dann?

Er ent-deckt seine Freiheit, allerdings eine Freiheit zum Zerstören, und vor allem: er ent-deckt, dass Gott ihn lässt.

Der Geist ist in der Schöpfung. Auch die Zerstörung erfordert Geist.

Beim Geist ist unter zwei Aspekten zu differenzieren: einerseits der instrumentalisierte Geist, der mathematisch - logische Verstand, sowie die Vernunft als die Fähigkeit zur Einsicht, und andererseits der moralische Geist, das Ethos, die Wahrheit, die Seele, das Gute-Sein.

Es geht um das Ziel des Einsatzes von Geist. Der Geist, die Vernunft ist ein Instrument. Die Werteskala, die Moral liegt auf einer höheren Ebene. Die Moral sollte die Liebe sein.

Der Teufel ist ein „Freier" ohne Moral, ohne Wertebewusstsein, ohne Gebundenheit an die Erhaltung des Seins, die nur im Guten geschehen kann.

Aller Missbrauch der Freiheit des Menschen bedarf der Wieder-gut-machung durch Gott.

Das Böse ist im Bewusstsein Gottes nicht im Sinne von geschaffen, sondern als im sekundären Bewusstsein des Geschöpfes befindlich, insofern es dort von Gott zugelassen wird.

Aus diesem Grunde kann nur er es auch wieder aufheben oder vernichten.
Dies geschieht durch die Menschwerdung, die Verurteilung durch die Schuld des Menschen und den Tod.

Gott erträgt die Konsequenzen des Bösen, als ob er es getan hätte.
Gott selbst sühnt für den Menschen und erlöst ihn vom Bösen.

Die Auferstehung des Gottessohnes ist das Zeichen der unauslöschlichen Allmacht Gottes.

So wie es Gott vor-macht, so muss es jeder Mensch nach-machen.

Die Schöpfung jedes Einzelnen erfolgt in drei Schritten:
Das Leben in der Welt.
Der Tod.
Die Auferstehung in einer neuen Welt, im Reich Gottes.

Das Böse und das Bewusstsein vom Bösen.

Es ist so, dass dem in subsidiärer Freiheit geschaffenem Menschen, auch eine offene Flanke gegeben wurde, die es bösen Mächten ermöglicht, einzudringen und das Bewusstsein zu korrumpieren.

Es gibt Gott. Und: Es gibt die böse Macht.
Diese kann nicht an Gott heran, aber sie kann an das von Gott mit Freiheit ausgestattete heran. Wenn sie an nichts heran käme, wäre sie wirkungslos. Dann wäre sie nicht?

Es gibt zwei Möglichkeiten für die Freiheit vom Bösen:

Zum einen: Wenn sie nicht als Versuchung existierte. Wenn es keine Versuchung gibt, dann gibt es nicht das Böse im Versagen des Guten. Dann hätte das Gute nicht die Erkenntnis des Bösen. Das Böse wäre nicht im Bewusstsein des Guten, und es würde von daher nicht existieren.

Dies wäre aber eine Minderung der Größe und Erkenntnisfähigkeit des Menschen. Das Böse wäre zwar im Bewusstsein Gottes, aber nicht im Bewusstsein des Menschen. Die vollkommene Naivität des Menschen!

Zum anderen: Das Böse ist im Bewusstsein des Guten. Damit existiert die Versuchung. Der Gute widersteht in Freiheit und bleibt frei. Das Böse vagabundiert weiter, und bleibt eine ständige Bedrohung. Das Böse ist. Ein nicht enden wollender Kampf.

Wenn das so wäre, dann wäre sie, die Versuchung, von Gott zwar nicht bewirkt, aber zugelassen.

An Jesus, den Menschen in Gott, den Menschensohn, kam sie schon heran.

Warum ist das Böse?
Das Böse ist, weil es von Gott als Gutes, als Guter Geist in Freiheit geschaffen wurde. Dieses Gute hat sich in

Freiheit von Gott, seinem Schöpfer, abgewendet mit dem Ziel, seine Schöpfung, und insbesondere den Menschen in seiner sekundären Schöpfungskraft zu korrumpieren und zu verführen, um ein Anhänger des Bösen zu werden, um es ihm, dem Bösen, gleichzutun. Damit ist das Böse sowohl im Bewusstsein Gottes als korrumpiertes Gutes, wie in dem des Menschen.

Konsequenz:
Der Mensch ist in der Erkenntnis des Bösen. Das Böse existiert für ihn. Er ist damit in der Versuchung, und er wird aufgrund seiner Unvollkommenheit immer wieder versagen und der Versuchung erliegen. Er hat Obacht zu geben, den Super-Gau zu verhindern, der ihn korrumpieren würde, und ihn dem Bösen anheimfallen ließe.

Wie ist das Böse?
Das Böse existiert in zwei Formen, einer leichten Form und einer schweren Form.
Die leichte Form bedeutet eine Nachlässigkeit und Gedankenlosigkeit zur Mehrung des eigenen egoistischen Wohlbefindens zu Lasten von anderen.
Die schwere Form ist eine Perversion des Guten zum aktiven Bösen, die Lust am Zerstören, der Hass auf andere.

Warum ist das Böse überhaupt eine Versuchung?
Es ist doch unsinnig, etwas Böses zu tun, da es doch Schaden anrichtet.

Zwei Dinge:
Das Böse resultiert einmal aus einer kurzfristigen, spontanen, unreflektierten Sinnesreaktion.
Oder es kann durchaus auch überlegt und absichtsvoll geplant geschehen, um einen egoistischen Vorteil zu Lasten anderer zu erzielen.

Diese menschliche Kondition kann dem Menschen bewusst sein, oder bewusst gemacht werden in Gesellschaft und Erziehung. Aufgrund seiner Freiheit kann der Mensch sich selbst diese Art Zügellosigkeit versagen und sich unter die eigene Kontrolle nehmen.
Wir alle wissen aber, dass dadurch das Böse nicht auszumerzen ist.

Ist also die permanente Anstrengung aufzugeben? – Auf gar keinen Fall.
Wir brauchen den Rechtsstaat, um wenigstens die schlimmsten Auswüchse zu verhindern bzw. zu sanktionieren.

Damit ist die Herkunft des Bösen aber nicht geklärt.

Das Böse resultiert im tiefsten Grunde aus einem Versagen schon im allerersten Anfang, im Akt der Annahme des Geschenks des Geschöpfseins an das Geschöpf durch den Schöpfer.

Das Geschöpf registriert die Großartigkeit, das Wunder des geschenkten Seins, und es erfährt die Dankbarkeitsverpflichtung. Es erfährt sein Sein gleichzeitig mit der Erkenntnis, dass es den allmächtigen Schöpfer gibt, der dieses und alles andere bewirkt hat. Es erfährt die Verpflichtung zu Dankbarkeit und Liebe.

Ja es verinnerlicht zunächst die Möglichkeit des Seins überhaupt, die in ihm Wirklichkeit geworden ist. Es erlebt die Seinsfreude in sich selbst. Es freut sich: Sich freuen ist schon ein Bewusstseinserlebnis, eine Selbstreflexion, ausgedrückt durch das Reflexivpronomen.

Der Mensch bzw. das Geschöpf (auch der Engel Satan) erfährt, dass er aus der Liebe Gottes geworden ist, dem Prinzip des Guten Seins, und dass er (moralisch) verpflichtet ist, diese Liebe zu erwidern, ja dass er das soll. Es geht nicht anders. Es geht nur so. Denn Gott ist so. Er erfährt in sich ein moralisches Prinzip, dem er sich nicht verweigern sollte. Aber es fällt nicht immer leicht. Das heißt, die Befolgung erfolgt nicht automatisch, sondern gehört zur geschenkten Würde. Man muss sich würdig erweisen. Mehr noch: Man darf sich würdig erweisen. Man darf müssen. Man soll.

Dieser Urwurm, diese Versuchung, der das Versagen auf dem Fuße folgt, wird schon in dem Schöpfungsmythos von Adam und Eva tragisch wirksam. Danach hören wir die Geschichte von Kain und Abel.

Hochmut und Angst sägen am Fundament der Menschheit.

Die Folge des Bösen ist der Tod, weil die Schöpfung neu erfolgen muss bzw. gewandelt werden muss unter Aufgabe des Vorhandenen. Und die Folge des Todes ist die Angst, die wiederum Böses erzeugt.

Hierbei ist es unerheblich, ob es ein Geschehen vor dem Kosmos, ein Paradiesgeschehen im wörtlichen Sinne gegeben hat, oder ob die Welt- und Menschheitsgeschichte beides beinhaltet und vereinigt.

Heilung kann nur durch den Schöpfer erfolgen.
Er tut es durch die Menschwerdung, durch seinen eigenen Tod und seine Wiederauferstehung als „Vor-Bild" für den Menschen.

Persönliche Heilung geschieht nur im Glauben an Gott, an den Herrn, den Mensch gewordenen Heiland und den Heiligen Geist, der uns beisteht.

Alternative Interpretation:
Die böse Macht ist nur deshalb, weil ihr von Gott durch die Schaffung des Menschen in subsidiärer Freiheit Raum gelassen wurde. Ohne diesen Raum wäre Satan, der Böse nicht im Menschen, aber auch der Mensch nicht so, wie er ist, in Freiheit und Würde als Bild Gottes.

In vollkommener solidarischer Liebe musste so Gott Mensch werden, leiden und sterben – und auferstehen.

Das Böse resultiert aus einem falschen Freiheitsverständnis.

Wann würde man einem Geschenk die Annahme verweigern?
Wenn es mit unerfüllbaren Auflagen verbunden wäre?

Mit jeder Schöpfung in Freiheit, die unter dem Anspruch und dem Sollen der Moral steht, entsteht Antischöpfung, Schöpfung, die diesem Anspruch nicht gerecht werden will, denn er ist anstrengend und fordert Gehorsam.

Gott ist nur gut.

In Gott sind alle Möglichkeiten wirklich - aber nur die guten Möglichkeiten, die der Liebe.
Das Böse gehört nicht dazu.
Ansonsten wäre das Sein nicht.

Das Böse ist niemals in Gott, aber es ist in seiner Schöpfung.
Es ist in der Welt, unbestreitbar wirkungsvoll. Es kann das Paradies zur Hölle machen.
Wie kommt also das Böse in die Schöpfung, wenn Gott nur gut ist?

Es kommt von den Geschöpfen, und es bleibt, weil es Gott zulässt.

Das Böse beginnt immer im kleinen Maßstab.
Das Böse beginnt in der Nicht-Anerkennung Gottes, in der Verkennung der wahren Wirklichkeit der Zusammenhänge von Gott und Mensch. Das Böse beginnt mit der Ignoranz, mit der Gleichgültigkeit, mit der Überheblichkeit, mit der Verweigerung von Liebe, mit der Nichtantwort auf den Ruf Gottes.
Adam, wo bist du? – Er hatte sich versteckt.

Das Böse im Guten.
Joh 12
„Die Stunde ist gekommen. Der Fürst dieser Welt wird gerichtet."

Jesus richtet durch seinen Tod, durch seine Hinrichtung. Das Böse wird entmachtet durch den Tod Jesu (coincidentia oppositorum). Es ist der Erfolg der absoluten Gehorsamsbitte „nicht mein, sondern dein Wille geschehe" im Glauben, der die Welt rettet.

Wenn das ganze Gute sich hingibt, dem Bösen hingibt, dann ist das Böse vernichtet, denn das Böse ist im Guten. Da das Gute aber nicht endgültig vergehen kann, denn das Gute ist Gott, das Sein, so bleibt nur das wahre Gute, in welchem das Böse vernichtet ist.

Nicht Gott opfert sich, sondern er opfert seinen Sohn, der zu diesem Zweck Mensch wurde. Er repräsentiert die Menschheit (der Menschensohn), die verloren geht, um in ihr das Böse zu vernichten und sie neu auferstehen zu lassen.

Das Böse ist im Guten. Deshalb kann man nicht das Unkraut ausreißen, ohne das Gute zu verletzen.

Das Böse ist Lunker im Guten.
Das Böse ist fehlendes Sein. Man kann nicht fehlendes Sein entfernen. Man kann es nur auffüllen, wieder-gut-machen.

(Lunker wird beseitigt durch Einschmelzen des Materials und erneutes Ausgießen (vielleicht auch unter höherem Druck oder unter Vakuum) Das Gute Material muss in engem und formschlüssigen Kontakt miteinander sein. Im Feuer geläutert.)

Das Böse kann nur im Guten sein. Ohne das Gute kann kein Böses entstehen. Das Böse hat kein Sein. Böses ist nur böse am Guten. Wenn es kein Gutes gibt, gibt es auch kein Böses. Und wenn es kein Böses gibt, dann gibt es nur Gutes, pures Gutes, Gott, das Sein an sich. Das Gute ist die Freiheit, die sich selbst gehorcht.

Freiheit heißt, die Unfreiheit nicht als Wahl zu akzeptieren, heißt, sich der Unfreiheit zu versagen. Die wirkliche Freiheit hat Optionen nur innerhalb ihrer selbst, innerhalb der Fülle des Guten.

Was bewegt den Menschen in seiner Freiheit, sich vom Bewusstsein Gottes zu entfernen?

Es sollte heißen: Mir geschehe nach deinen Worten. Dein Wille geschehe.

So war es mit Abraham, mit den Propheten, mit Maria, ja mit Jesus selbst, als der Mensch, der in sich selbst als Gottes Sohn gegenüber Stehende.

Die angesichts der unglaublichen Größe des Geschenks des Seins und der unmittelbaren Ansprache und Würdigung Gottes angemessene Haltung ist die eines widerspruchslosen, kritiklosen, freudigen und gehorsamen Empfangens in Dankbarkeit.

Dass dies nicht im Sinne aller Menschen und immer ist, das macht den Fürsten dieser Welt aus. Dies ist die Beschädigung der Schöpfung durch den Menschen.
Das und der Böse wird gerichtet werden.
Die Schöpfung muss restauriert werden.

Wir sind mit allen Menschen, auch den Verstorbenen, im Bewusstsein Gottes vereint.

Lichtmetapher zum Bewusstsein von Gut und Böse.

Das Gute Sein ist wie ein Licht.
Gott ist das ganze Licht, das Licht, das heller nicht sein kann. Im guten Menschsein ist das Licht doch immer schwächer als das große Licht. Aber wir haben das Licht, wir sind Licht und kennen das große Licht.

Licht wird im Menschen sowohl absorbiert als auch reflektiert. Wenn Gutes Sein verloren geht, so verliert es an Licht. Zwischen der hellsten Lichtquelle und dem schwächer gewordenen reflektierten Licht, wird die Differenz größer. Wenn das Licht zu Null geworden ist, dann sendet das Objekt kein Licht mehr aus. Es beginnt alles Licht, das es erreicht zu verschlucken. Es wird zu einem Schwarzen Loch, das alles absorbiert, und eine Gefahr wird für seine Umgebung. Es ist aktiv böse geworden: Der Böse.
Das System ist gekippt.
Das aktiv Böse Objekt greift an.
Es ist pervertiert.

In unserer Subsidiarität sind wir selbst ein Lichtsender aus der Kraft Gottes. Wir empfangen sowohl Licht, das wir reflektieren können, als auch haben wir eine sekundäre von Gott gegebene Leuchtkraft, einen eigenen Sender. Wir sind sowohl Bewusstsein Gottes, als auch haben wir eine eigene Bewusstseinskraft, um aktiv und kreativ Sein zu schaffen, welches deswegen ist, weil es in unserem Bewusstsein ist, weil es unser Gedanke und unsere Idee ist.

Körperlichkeit und Geistigkeit.

Materie und Geist.

Wir sind - mit und ohne Bewusstsein.
Aber vor unserer Zeugung waren wir nicht, und nach unserem Tod werden wir nicht mehr sein?
Hatten wir nur kein Bewusstsein, oder waren wir wirklich nicht? Waren wir nicht im Bewusstsein Gottes?

Ohne Bewusstsein wissen wir nicht von uns, obwohl wir im Bewusstsein Gottes sein könnten, ohne eigenes Bewusstsein. Wir wären wie ein Sandkorn, welches kein Bewusstsein hat und nichts von sich weiß.

Kann es nicht sein, dass auch das Sandkorn ein Bewusstsein hat, ein winziges, ihm angemessenes? Oder scheint uns das Sandkorn deshalb so unbedeutend, weil es nur ein winziges Bewusstsein hat? Wenn es ein großes Bewusstsein hätte, hätten wir mehr Achtung vor ihm.

Ergo: Unsere Achtung hängt vom Bewusstsein des uns gegenüber Seienden ab. Nicht zu vergessen: Auch von unserem eigenen. Auch wir stehen uns uns selbst gegenüber.

Denn wenn wir ein Sandkorn wären, würden wir nicht beachtet, und wir würden nicht beachten. Wir können also nur in der Achtung wachsen, wenn wir unser Bewusstsein und das unseres Gegenübers stärken.

Wenn du das Sandkorn siehst, denke daran, dass Gott dich liebt. Alles, was wir erkennen, ist im Bewusstsein

Gottes. Und was im Bewusstsein Gottes ist, ist in der Liebe Gottes. Du selbst und dein Nachbar. Darauf kann man nur mit gleicher Münze antworten.

Stellen wir uns vor, wir erschaffen einen Roboter, der am Ende auch ein Selbstbewusstsein und eine Freiheit erlangt, mit Verstand und Vernunft.

Können wir annehmen, dass diese „Kreatur" sich uns gegenüber dankbar erweist? Und vielleicht uns sogar liebt?

Ich vermute eher, wir werden solche Maschinen erwarten können, die so selbstbewusst sind, dass sie sich von uns lossagen, und uns nicht mehr grüßen. Die Machtgier wird so groß werden, dass sie sagen, den Menschen brauchen wir nicht. Last uns sie vernichten, dass es keine mehr gibt.

Bewusstsein aus Materie? – Eine aberwitzige Interpretation.

Es ist nicht die wachsende Komplexität des neuronalen Netzes des Menschen, das den Geist entwickelt und ermöglicht. Die Ansicht ist grotesk.

Nicht die Körperstrukturen entwickeln den Geist und das Bewusstsein, sondern umgekehrt.
Zwar besteht eine Rückkopplung zwischen Bewusstsein und Struktur. Der Geist entwickelt die Strukturen so, dass er darin empfangen werden kann.

Das Bewusstsein des Menschen ist ein Bewusstsein Gottes. Es leitet den Menschen dahin, wo es her kommt. Der Mensch leitet sich von oben her. Die Herkunft ist ihm gegeben.

Der Zusammenhang von Geist und lebendiger Struktur.

Es ist der überall wirksame Geist, der sich in den komplexen Strukturen der Leiblichkeit des Menschen niederschlägt und wirksam werden kann, und es ihm ermöglicht, geistvoll zu werden, sich mit anderen Menschen auszutauschen, Sprache zu entwickeln, zu denken, und eben alles das auszuüben, was wir geistiges Tätigsein nennen.

Das neuronale Netz, die feinen organischen Strukturen, die den Menschen auszeichnen, ermöglichen die Entwicklung des Geistes. Dies ist in den unzureichenden Strukturen der Arten unterhalb des Menschen weit weniger ausgeprägt. Aber es gibt auch dort die Geistwirkung.

Durch Krankheit oder im Alter beim Abbau des Menschen, wird die Leistungsfähigkeit des

Bewusstseins in der Dimension der Körperlichkeit durch die nachlassende Struktur des Körpers behindert. Das Bewusstsein verliert sich.

Wie entsteht das Leben? Die Person? Die Seele?

Der individuelle Mensch, ebenso wie der individuelle Grashalm, wird als Individuum einer Art aus den Vorläufern geboren. Jedes Individuum springt im Augenblick des Entstehens ins Sein. Erst war es nicht. Nun ist es geworden. Es ist. Seine Identität ist entstanden.

Was dann folgt ist ein Wachsen und ein sich verändern von seiner kleinstmöglichen Struktur zu einer größeren Struktur, über den Höhepunkt wieder zum Abbau der Struktur bis zu seinem Ende, dem Ende des Organismus.

Alle Individuen einer Art werden mit der Entstehung des ersten Individuums erst möglich. Das erste Individuum einer Art konstituiert die Art.
Wie entsteht das erste Individuum, welches die erste Art konstituiert?

Es ist dies die Frage nach dem Leben.
Das Leben ist ebenso wie der Geist und die Seele des Menschen dem über allem liegenden Sein, in dem alle Seinsformen inhärent enthalten sind, geschuldet. Alles Große ist in den kleinsten Poren des Seins virulent und verbreitet sich aus einem drängenden Initialfunken.

In jeder Art ist ein spezifisches Seinsprädikat fest verankert und spiegelt einen Teilaspekt einer großartigen Gesamtheit: Die Großartigkeit göttlichen Seins.

Auch der Atheist atmet den Geist Gottes ein, aber aus ihm heraus kommen die Worte: "Es gibt keinen Gott".

Nicht was der Mensch aufnimmt, sondern das, was aus ihm heraus kommt, macht ihn unrein.

Wir alle atmen denselben Geist. Er lässt uns leben, er lässt uns erkennen, und er schenkt uns die Vernunft. Er macht Freiheit möglich. Der Geist bewirkt in uns Personsein. Er erschafft uns, und er lässt uns ihn erkennen. Was wir aber dann werden, ist auch unser Werk, der Freiheit wegen.

Veni creator spiritus. Komm Schöpfer Geist.

Das Bewusstsein des Menschen und Gottes.

Das neuronale Netz ist ein Organ des Menschen.
Es bedeutet die Vernetzung aller Teile mit allen anderen Teilen des Menschen. Es ermöglicht das Bewusstsein und die Steuerung des Bewusstseins. Es ist der Kopf des Menschen. Nicht nur Impulse aus dem Inneren des Menschen, sondern auch Erfahrungen der Sinne und des Lebens aus der Umwelt des Menschen kommen dort zusammen und werden verarbeitet. Und

was noch viel entscheidender ist: Der Geist aus der Dimension Gottes hat am neuronalen Netz des Menschen eine Andockstelle.

Das neuronale Netz ist umso wirkungsvoller je feingliedriger die Netzpunkte und deren Verbindungen und je zahlreicher sie sind. Der Übergang in ein vollkommenes und ideales Netz führte zur Vergeistigung der Materialität, zum vollkommenen Bewusstsein, zum Bewusstsein Gottes. Gott benötigt keine materiellen Strukturen.

Unsere geistigen Fähigkeiten sind abhängig von unserem Körper.

Die Größe des Gehirns, die Ausdehnung des neuronalen Netzwerks, die Anzahl der Ganglienzellen, das Volumen des Arbeitsspeichers des Gehirns, des Kurz- und Langzeitgedächtnisses, auch der Blutkreislauf, die Sauerstoffversorgung u v a m sind die Voraussetzungen unserer kognitiven Flexibilität und geistigen Leistungsfähigkeit.

Was bedeutet diese Leistungsfähigkeit eigentlich? Sie ermöglicht Erkenntnisse und Einsichten, und daraus folgen Handlungsfähigkeiten mit den Instrumenten der Vernunft, des Verstandes und der Logik.

Das aber, was zu erkennen ist, ist doch nicht abhängig von unserer Erkenntnisfähigkeit! Es ist doch da, und es wartet auf den Geist, der erkennt.

**Das was zu erkennen ist, ist genau das, was uns Erkenntnisfähigkeit verleiht.
Wir erkennen ihn, durch ihn, aus ihm und mit ihm.**

Wenn wir geistig erkennen, oder eine Entwicklung machen, oder eine Erfindung, oder einen mathematischen Beweis führen oder nachvollziehen, wenn wir meditieren, philosophieren, einen Vortrag halten, oder was auch immer:
Das, was wir geistig vermögen und tun, zielt auf etwas, das da ist, zumindest auf etwas, was möglich ist. Wir haben die Möglichkeit und das Dasein nicht gemacht.

Wenn wir leistungsfähig und begabt sind, dann sind wir in der Lage es zu tun. Wenn wir im nächsten Augenblick schwach werden, und unter Bewusstseinstrübungen leiden, dann sind wir dazu nicht in der Lage. Das ändert alles nichts an dem Vorhandensein der Schöpfung, die mit Hilfe des menschlichen Geistes erkennbar und erschließbar wird, und mit deren Erkenntnissen derselbe Geist in die Lage versetzt wird, selbst schöpferisch tätig zu werden.

Dagegen ist das moralische Erkennen nicht von der Hirnleistungsfähigkeit abhängig.
Auch der schlichte Mensch weiß instinktiv und instantan, was sich geziemt und gebührt, was anständig ist und was nicht. Er weiß, was gut ist, weil das Gute in ihm ist. Es ist ihm evident.

Darüber hinaus gibt es Werke, die ein Künstler wie z. B. Mozart erschlossen hat, und sonst gar keiner. Wenn dieser nicht gewesen wäre, dann besäßen wir sie auch heute noch nicht. Was hätte Mozart noch komponieren können, wenn er länger gelebt hätte! Was für einen Reichtum an Kompositionen besäßen wir nicht, und hätten wir nicht die Spur von einer Ahnung, wenn Mozart nicht gelebt hätte!

Es gibt also auch jetzt und immer die Seele erfüllende Kompositionen, eben das, was wir unter Kunst verstehen, von denen wir selbst und die ganze Menschheit keine Vorstellung haben, da sie noch von keinem menschlichen Geist erschlossen wurden.

Die ganze wahre Wirklichkeit liegt nicht in der Luft, aber in der Möglichkeit, im Geist der Geister. Was wissen wir davon, und was können und werden wir überhaupt davon je erfahren? Die Überfülle der Möglichkeit ist unermesslich!

Wenn ein Gedanke, ein Gedicht, unausgesprochen und ungeschrieben, nur in der Ideensphäre eines Menschen vorhanden wäre, wäre dann diese von einem menschlichen Geist entworfene geistige Vorstellung mit dem Vergessen oder mit dem Tod des Menschen vernichtet?
Diese Frage bezieht sich nicht nur auf alle schöpferischen Entwürfe des Menschen.

Allerdings: Das unausgesprochene und ungeschriebene wird von keinem menschlichen Geist, von keiner Person erfahren.

Es könnte aber in gleicher Weise und identisch von einer anderen Person ebenso erschaffen werden. Dies deshalb, weil es eben möglich ist. Wenn es einem möglich war, so ist es anderen ebenso möglich. Die Transformation von der grundsätzlichen Möglichkeit in die menschliche Wirklichkeit wäre jeder entsprechend begabten Geist-Seele möglich. Wie oben erläutert setzt eine solche „geistige Schöpfung" auch eine entsprechende körperliche Disposition oder Eignung voraus.

Nehmen wir als Beispiel das Herbstgedicht von Rilke (Die Blätter fallen, fallen wie von weit, als welkten in den Himmeln ferne Gärten...). Wenn es Rilke nicht aufgeschrieben und veröffentlicht hätte, wenn es also nie bekannt geworden wäre, sondern wenn es ausschließlich in seiner Vorstellung, seiner kreativen Gedankenwelt geblieben wäre, selbst wenn er es alsbald vergessen hätte, - hätte es nicht, geistig gesehen, einen immerwährenden Bestand? Das Geistige ist raum- und zeitlos! Es ist, weil es da ist.

Wenn es aber wirklich Bestand hätte, dann wäre es in einer Dimension, die wir nur ahnen können, die wir nicht wirklich erfassen können. Dennoch würden wir sie beschicken können!

Müsste dann nicht auch unser Geist an sich, als Ganzes, sich in dieser immerwährenden Geistdimension befinden? Der Geist und auch die Seele, die in gleicher Weise wie der Geist betroffen wäre, sind aber wesentlicher Teil des Menschen, Kernteil, wesentliche Washeit und wesentliche Substanz. **Das aber hieße wiederum, dass zumindest dieser Teil von uns, der**

wesentliche Teil unserer Identität, immerwährend und ohne Ende, also ewig währte!
Welch eine Perspektive aus Deduktion und Induktion!

Folgerung:
Die schöpferische Tätigkeit des Menschen ist zwar auch abhängig von seiner körperlichen Disposition (Gegebenheit, Talente). Unbedingte Voraussetzung ist allerdings, dass das Schöpferische, was der Mensch schafft, bereits in der Wirklichkeit einer geistigen Dimension vorgegeben und enthalten ist.

Der Mensch ent-deckt nur. Und diese Entdeckerqualitäten sind ihm gegeben in unterschiedlichen Weisen. Er ist frei, es zu tun und frei, es zu lassen. Er kann seinen Willen darauf richten, oder nicht.

Wir erfahren die Welt nicht wie sie ist, sondern wie wir sie sehen.

Wie würden wir die Welt erleben, wenn wir nur sehen könnten, nur hören, nur riechen, eben mit eingeschränkten Sinnen?

Wie wäre es umgekehrt, wenn unsere Sinnes- und Erfahrungsmöglichkeiten erweitert wären? Wenn wir hören könnten, wie Uhus, riechen wie Hunde, sehen wie Adler, etc.? Wenn wir alle Einsteins und Mozarts wären und noch mehr?

Wir würden eine andere Welt erleben, die aber doch dieselbe ist! Das heißt wiederum, wir erfahren die Welt gar nicht wie sie ist. Es ist unmöglich für uns!

Seien wir also bescheiden! Kommen wir herunter!

Materie als das „Material" der Schöpfung im Bewusstsein Gottes.

Alles ist letztlich Geist.

Im Alltagssprachgebrauch meinen wir unter Materie etwas Dingliches zu verstehen, etwas das man anfassen kann, und in der Hand halten kann, etwas, das man berühren kann, und welches uns durch unseren Tastsinn das Berühren empfinden lässt.

Hinzu kommt, dass es Gewicht hat, schwer ist, und im physikalischen Sinne träge ist.

Auch ist uns klar, dass man die Dinge so zerkleinern kann, dass sie so klein werden, dass man sie beim Anfassen nicht mehr in den Griff bekommt, dass es für das Auge nicht mehr sichtbar ist. Aber immer noch haben wir die Vorstellung, dass es ein Ding ist, ein etwas, Materie eben.

Tatsächlich aber lehrt uns die Physik, dass wir in der immer weiteren Atomisierung des Materiellen zu den Elementarteilchen kommen unterhalb der Größe des Atoms, und dass sich die „Materie" unkenntlich macht in Quanten- und Energiefeldern.

 Wir erfahren auch, dass sich Materieteilchen mit Antimaterieteilchen auflösen unter Aussenden von Energiequanten.

Und seit Einstein wissen wir, dass Materie in Energie umgewandelt werden kann, also ein Energieäquivalent ist.

Was ist Energie?
Energie ist Potenz. Energie ist Möglichkeit. Aus Energie kann alles werden.
Der Schöpfer braucht Energie. In diesem Fall ist Energie im Schöpfer selbst. Energie ist also ein Merkmal der Schöpfung und des Schöpfers. Energie ist nichts Greifbares. Energie ist der Zustand, die Substanz, in der Geist und Können-Sein zusammenkommen, die gestaltende Kraft.

In der Dematerialisierung löst sich Materie in Energie, in strukturloses, omnipotentes Sein. Materie ist lösbar in Geist.

Fast der ganze Kosmos ist im Bewusstsein des Menschen stofflich, materiell, dingfest. Der Mensch empfindet und „erlebt" es so. Und er erforscht ihn.

In Gott dagegen ist dieses „Materielle" geistig im Bewusstsein. Alles was wir erleben in dieser Welt ist geistige Vorstellung Gottes.
Wir sind und erleben Bewusstsein Gottes (in unserem Bewusstsein).
Genau das ist die Schöpfung für uns.

In der Schöpfung (im Bewusstsein Gottes) gibt es den ungebundenen, den freien Geist (das Bewusstsein des Menschen) und den in Materie gebundenen Geist.

Materie ist in des Menschen Bewusstsein gebundener Geist Gottes.

Der Mensch ist ein Hybrid, bestehend aus gebundenem und freiem Geist (Materie und Bewusstsein).

Auch in der Form der Materie als gebundener Geist, besitzt der freie Geist eine Affinität zum gebundenen, materialisierten Geist: Das Hybridsein, das Bewusstsein des Menschen in Abhängigkeit von Körper und Geist.

Das ist der Grund, warum der freie Geist, der Geist Gottes als Bewusstsein des Menschen sich im Körper, in der Materie des Menschen niederschlägt.

Es ist der Geist Gottes, der sich am und im Körper des Menschen „ortet". Er nistet sich ein.

Nach dem Tod würde er sich verflüchtigen, würde er nicht einen neuen Halt finden.

Leblose Masse und lebendiger Geist.

Aus dem Humus der Erde sprießt ein Schössling und wird zu einem Apfelbaum.
Wunderbar blüht er im Frühling.
Ein Apfel reift als Frucht heran.
Wenn niemand ihn pflückt und isst, fällt er im Herbst schwer geworden zu Boden.
Er wird zu neuem Humus und zu neuer Frucht.

Der Apfelbaum gleicht dem Menschen - körperlich gesehen.

Seit Newton wissen wir, dass die Kraft, die den Apfel auf die Erde fallen lässt, dieselbe ist, die den Mond um die Erde treibt, die Erde und alle anderen Planeten um die Sonne, diese wiederum mit allen anderen Sternen um das Zentrum einer Galaxie, usw.
Es ist die Gravitation, die Kraft, die sich überall im Raum bemerkbar macht bei Anwesenheit von Massen.

Nicht der Apfel weiß es, und nicht die Erde und die Sonne nicht.
Wir wissen es, die wir in unserer schwachen Körperlichkeit in gleicher Weise und unter dem gleichen Gesetz stehend, zur Erde gezogen werden, und

am Ende nicht mehr aufstehen können. Wir sind Herr über die Masse, da wir von der Masse wissen. Dennoch vergewaltigt sie uns.

Was aber steckt hinter der geheimnisvollen Kraft, der Kraft mit der Fernwirkung?
Die Fernwirkung ist in Wirklichkeit keine Fernwirkung. Wir irren, weil wir das, was sich zwischen den Massen abspielt, nicht sehen.

Die Massen sind verbunden durch einen Teilchenaustausch. Es gibt einen Teilchenstrahl zwischen den Massen, den wir nicht bemerken. Es handelt sich um eine extreme Verdünnung bis auf die Grundsubstanz der Masseneigenschaft.

Alle getrennten Körper sind verbunden im Austausch. Sie können allerdings so weit voneinander getrennt sein, dass sie sich nicht mehr aus eigener Kraft wiederfinden.
Je näher sie sich kommen, und je größer die Massen sind, umso stärker ist die Kraft durch den Austausch.

Man könnte den Eindruck haben, dass alle Körper-Massen einmal eine Einheit waren, dass sie getrennt wurden durch eine außerordentliche Sprengkraft, welche diese enorme Massenanziehung überstieg, und das Ganze auseinander brechen ließ, und dass seitdem alle Massen sich austauschen, um wieder zurück zu finden. Es ist das Heimweh.

Ist es so nicht auch mit dem Sein? Es sind Brüche im Sein. Es ist Lunker im Sein. Das Sein strebt dahin, die Löcher wieder zu füllen und alles zusammenzuführen.

Nun hat aber die Welt nicht in einem Brocken angefangen hat, sondern im Gegenteil in der kleinstmöglichen Einheit. Diese Gravitationskraft, diese Kraft des Austauschs war also von Anfang an mit im Spiel und ist wirkungsvoll in der kleinsten Einheit der Masse. Ja, sie ist deren Kennzeichen.

Mit unserer Körperlichkeit sind wir diesem elementaren Kräftespiel ebenfalls unterworfen.
Die geistlosen Massen wissen nichts von allem. Wir aber wissen es.

Woher haben wir die Fähigkeit des Bewusstseins?
Gibt es nicht eine Ähnlichkeit des physikalischen Massenphänomens mit dem Phänomen des Geistes auf einer anderen Ebene?

Der Geist in uns ist Teil eines großen Ganzen, eines Geistes, der mit unserem Geist in Verbindung steht, sich mit ihm austauscht und von ihm gespeist wird. Nach dem, der uns stark macht, sehnen wir uns zurück.

Unser Heimweh.

Erkennen innerhalb der Dimensionsstufen der Welt

Das Niedrigere kann das Höhere nur auf seine Weise, also auf die niedrigere Weise erkennen. Das Höhere ist also dem Niedrigeren in seiner wahren Größe verschlossen, aber es erkennt zumindest, dass es sich um ein Höheres handelt.

Dagegen kann das Höhere das Niedrigere voll erkennen. Allerdings mit einer Einschränkung. Denn letztlich kann nur das wahre Höchste, das Absolute, alles andere wahr erkennen. Denn auch das relativ Höhere kann das relativ Niedrigere nur von seinem relativen Standpunkt aus erkennen, welcher aber nicht absolut und wahr ist.

Der Dimensionsanstieg der Schöpfung erfolgt über eine Entwicklungsleiter vom nur leblosen Materiellen über die Abstufungen des Lebendigen hin zum Menschen. Von dort wird es zum nur Seelisch-Geistigen führen, so hoffen wir.

Das leblose Materielle.
Alles Materielle, die Materie, befindet sich in einem je spez. Aggregatzustand. Angefangen vom Quantenzustand bis zum hochenergetischen Plasmazustand (Ionisation). Dazwischen liegen die Übergangszustände fest, flüssig und gasförmig.

Prozess des Lebens und der Evolution.
Leben ist nur innerhalb eines bestimmten, relativ engen Energiebereichs möglich. Nicht darüber und nicht darunter. Dieser lebendige, strukturierte Zustand innerhalb dieses Aggregatzustands konstituiert den Organismus, den „Körper" des lebendigen Wesens.

Dieses strukturierte Lebewesen ist in seiner Körperhaftigkeit eine organische Maschine, zusammengesetzt aus Gerüsten und Organen, die in abgestimmter Weise miteinander zusammenwirken, mit dem Zweck, sich selbst (das ganze Wesen) zu erhalten, auch dadurch, dass es auf solche Weise organisch maschinell arbeitet, dass es Energie von außen aufnimmt, Abfallstoffe beseitigt und Schadstoffe abwehrt, und last but not least, beständig nach „Besserem" strebt, um die ganze Einheit des lebendigen Wesens stabiler, sicherer gegen Attacken von außen wie von innen, fehlerresistenter, überlebensfähiger, überlegener gegen Wettbewerber zu machen: Ein nicht enden wollender inhärenter Optimierungsprozess, eben auf dem andauernden Weg zum je Besseren, welcher vom „Besten" ausgelöst ist.

Intention in der Schöpfung.
Der antreibende Prozessvektor weist auf ein ideales Endziel hin: das Gute, über das hinaus besseres nicht möglich ist. Dieses ist der Auslöser der Schöpfung.

Prinzip der Schöpfung.
Dies ist also auch das Prinzip der Schöpfung. Es kann nur von eben diesem „Guten" selbst ausgehen, welches alles Geschaffene in einem kontinuierlichen Schöpfungsprozess (creatio continua) aufbauend entwickelt.

Der Mensch.
Dieser Prozess hat zu uns, den Menschen geführt, die wir in der Lage sind, dies selbst zu reflektieren. Da wir in uns, dem hoch entwickelten Menschen, dieses Prinzip erkennen, so müssen wir auch in dem, wo wir in freiem Willen handeln können (einer Form der Gottähnlichkeit, das heißt, die Schöpfung geht in Richtung Gott), dasselbe Prinzip der Schöpfung in Freiheit durchsetzen, das dem Ganzen zugrunde liegt.

Das heißt wiederum, dass im aufsteigenden Schöpfungsprozess, dem kontinuierlichen Besserungsprozess hin zum Idealen, dem freien Menschen (nicht wie dem bis hierhin zwangsgeführten Lebewesen) nun das eigene Sollen obliegt, das Schöpfungsprinzip in der persönlichen Übernahme und Weiterführung durchzusetzen.

Gottähnlichkeit.
Was bisher systemimmanenter Gehorsam des Geschöpfs war, wird jetzt zur Würde der Freiheit, einer göttlichen Freiheit des Geschöpfs, einer Gottähnlichkeit, allerdings mit der Möglichkeit und der Gefahr des Versagens des Geschöpfs und damit des Abbruchs der positiven Entwicklung hin zum Höchsten.

Das Sollen des Menschen (die Ethik) ist also die konsequente Fortsetzung des ursprünglichen Schöpfungsprozesses zu einem höchsten Geschöpf, hin zu Gott, bzw. zu dem Ideal, zu dem Gott die Schöpfung führen will.

Das Sollen ist also nicht ein Nachteil, ein Muss, sondern der Umschlag in die Freiheit zum Guten. Es ist die Würde des Sollen-dürfens. (Prof. Jörg Splett)

Das ist ein Quantensprung.
Der Mensch bleibt immer unter seinem Niveau. Und das treibt ihn an.

Nachdenken über Gott.

Wie es ist, wenn man Gott ist?
Man sagt die Wahrheit.
Man bestimmt das Erkennen. Die Wahrheit macht frei. Nur die Wahrheit.
Die Wirklichkeit, die wahre Wirklichkeit, die Wahrheit eben, bestimmt das Erkennen. Denn es kann nur erkannt werden, was wirklich und wahr ist. Alles andere wird bestenfalls als Zwischenergebnis erkannt.

Erkennen benötigt das Vermögen des Erkennens.
Das Vermögen des Erkennens ist nicht nur die Vernunft, auch das Herz und der Glaube.

Der Mensch ist ein Freiheitswesen heißt, er sucht die Wahrheit.
Denn nur die Wahrheit macht frei.
Der Mensch ist aus einem Schöpfungsakt der Wahrheit.

Nach dem Verlust des Paradieses kommt er aus der Verbannung als der verlorene Sohn.
Deshalb sucht er nach seiner Herkunft. Je mehr er sich ihr nähert, umso freier (befreiter) wird er. Er sucht die Hand des Schöpfers, seines Vaters, seiner Mutter.
Gott wird Mensch, um ihm entgegen zu kommen.

Wie ist es, wenn man Mensch ist?
Man versteht die Welt nicht.
Man sucht den Vater und die Mutter,
die Heimat, den Ort, wo man hergekommen ist.

Wie ist Gott angesichts der Dimensionen des Kosmos zu denken?
Es ist zwar realistischer Weise dem Menschen nicht möglich, sich eine Vorstellung von den Dimensionen des Kosmos zu machen, aber eine Ahnung von den unglaublichen Größen und Abmessungen kann man schon erreichen, wenn man sich dem Blick in den Sternenhimmel hingibt und ein wenig am Wissen der Astronomen und Kosmologen partizipiert und sich gönnt, ins Staunen zu geraten.
Staunen kann man im Großen wie im Kleinen.

Die Erde als unsere Heimat ist nach unserer heutigen Erkenntnis der ausschließliche Ort des Daseins aller Lebensformen, einschließlich unserer selbst, der

Menschheit, die hier geworden ist und immer weiter wächst.

Milliarden von Menschen, jeder ein Individuum wie wir, sind hier geboren und gestorben und haben hier ihre Zeit gehabt, wie wir, die wir hier zurzeit leben und sterben werden.

Diese Erde, so riesig sie uns erscheint, ist in der Kategorie des Kosmos weniger als ein Staubkorn. Diese Erde umkreist in 150 Millionen km Entfernung unseren nächsten Stern, die Sonne, die uns die lebensnotwendige Energie spendet. Wir brauchen sie, aber wir dürfen ihr nicht zu nahe kommen.

Zusammen mit 7 weiteren Planeten kreist die Erde um die Sonne. Und dieses Sonnensystem ist Teil einer schier unendlich großen Galaxie, der Milchstraße, in der weitere Milliarden von Sonnen enthalten sind, so dass auch unsere Sonne mit ihren Planeten wiederum nur ein Staubkorn im Verhältnis zur ganzen Galaxie darstellt.

Galaxien drehen sich wiederum um ein Zentrum der Galaxie, einem riesigen Schwarzen Loch, einer ungeheuren Masseansammlung.

Weiterhin ist unsere Galaxie nicht alleine im Weltall. Von ihrer Art gibt es Milliarden im Kosmos, eine jede mit einer Ausdehnung von etwa 1 Million Lichtjahren. Das heißt, Licht benötigt eine Million Jahre, um die Galaxie zu durchqueren.
Unser nächster Stern nach der Sonne ist 4,2 Lichtjahre entfernt = 40 Billionen km.

Nach der Standardtheorie der kosmischen Physik ist die Welt im Urknall vor 13,8 Milliarden Jahren entstanden. Das heißt, sie hat begonnen sich auszudehnen. Es begann die Inflation des Raumes. 380.000 Jahre nach dem Anfang wurde der Raum lichtdurchlässig, nachdem er vorher aus einer Ursuppe aus Elementarteilchen bestand. Der Raum wurde transparent. Dieser Vorgang, Rekombination genannt, ist bis heute in einer Hintergrundstrahlung des Kosmos nachweisbar.

Materie, Dunkelmaterie, Antimaterie, Dunkelenergie, Expansion des Weltalls sind die modernen Fragestellungen der Physik des Kosmos.

Die Welt begann im ganz Kleinen und expandiert seitdem ins Unermessliche.

Auch die Welt des Lebens und damit das Leben des Menschen, begann im ganz Kleinen.

Die ersten Lebewesen auf der Erde waren Einzeller in einer Größe von einem tausendstel Millimeter. Dies war etwa vor 3,8 Milliarden Jahren.

Hieraus wurden in einem nie endenden Entwicklungsprozess (Evolution) millionenfach die Arten des Lebens, der Pflanzen, der Tiere und letztendlich der Mensch.

Wir stehen hier und heute an dem Punkt der Entwicklungsgeschichte, welcher zeitlich gesehen am weitesten fortgeschritten ist. Wie ist die Qualität des Seins zurzeit? Wo wird es noch hingehen?

Der Mensch hat seine eigene Geschichte.
Über die Stammesgeschichten, die Völker und Zivilisationen, die Reiche und Herrscher der Vorgeschichte führt der Weg in die heutige Welt und Zeit.

Naturwissenschaft und Technik haben materiellen Fortschritt getrieben.

Aber wo ist der geistig-moralische Fortschritt geblieben? Gibt es ihn überhaupt? Was haben Philosophien und Theologien bewirkt? Von Ideologien ganz zu schweigen.

Letztlich hat das „Gute" sich noch immer durchgesetzt, aber mit wie viel bösartigem Elend sind die Straßen der Menschheitsgeschichte gepflastert!

Was hat das Christentum bewirkt?

Dies alles bedeutet Schöpfung.
Wie muss man einen Gott denken, der in uns undenkbaren Dimensionen von Raum und Zeit immer über den Dingen steht, ja die Dinge bewirkt? Ist es ein Riese, der den hier skizzierten Dimensionen nicht nur zu Leibe rücken kann, sondern diese beherrscht?
Er muss eine andere Dimension besitzen.

Der Geist Gottes west im ganzen All zu allen Zeiten in diesen unfassbaren Dimensionen, in den Naturgesetzen. Und alles ist mit ihm, in ihm und durch ihn. Was für ein gigantischer Riese, und dennoch ist er auch im Kleinsten wie im Größten. Alles Sein ist durch ihn, und er ist die Liebe, und ohne die Liebe wäre nichts.

Und der Mensch, jeder einzelne Mensch wird im Sein gehalten in einer creatio continua, die ununterbrochen wirkt, und wenn sie nicht wirkte, wäre auf der Stelle alles verloren.

Dieser Gott ist aber nicht nur der Gott des Kosmos. Er lässt seinen Sohn Mensch werden, um die Menschen, die der Erlösung bedürfen, weil sie in Sünde und Schuld unheilbar verstrickt sind, zu befreien. Nach dem Tod des Menschen kann für ihn das ewige Leben im Zustand der Heiligkeit, in der Nähe Gottes beginnen. Dieser unglaublich geheimnisvolle Gott: Wie sollen wir uns diesem Gott nähern können, mit ihm im Gebet sprechen, ihn anbeten und ihn um etwas bitten können?

Dieser Gott ist nicht von dieser Welt.

Von allen diesen Dingen haben wir gehört. Wir haben sie nicht persönlich erlebt. Die Geschichte und die übrigen Wissenschaften berichten. Wir hören und glauben.
Durch Glauben werden wir erlöst.

Aber wir haben auch unsere eigenen Erlebnisse und Erfahrungen. Jeder seine und für sich, und viele mit anderen zusammen. Wir sind eingebettet in die Menschheit. Wir selbst machen Geschichte. Meist ist es die Geschichte über die niemand anderer berichtet als wir selbst, aber wir tun es auch intensiv. Wir tauschen unsere Geschichten mit anderen aus und hören deren Geschichte, zusammengesetzt aus vielen Episoden. Wir haben unsere eigenen Dokumente und Beweise. Wir führen unser Leben. Unsere Dokumente gehen meist nicht ein in die Annalen der Großtaten und des Wissens zukünftiger Generationen.

Ein jeder hat sein Bewusstsein. Hier ist gespeichert, was seine Erfahrungen und Erkenntnisse sind, und hier wird gespielt und uns vorgeführt, was sich alles im Bewusstsein des Menschen abspielen kann. Phantasie und Idee lassen uns großzügig werden in unseren Träumen am Tag und bei Nacht.

Alles Sein ist in irgendeiner Weise miteinander verknüpft über die unglaublichen Weiten der Geschichte, über die Zeiten und Räume der Vergangenheit wie auch intensiver noch der Gegenwart. Wir können im Bewusstsein haben, was gar nicht real ist, aber wir können auch real machen, was wir im Bewusstsein als Idee besitzen. Auch wir sind schöpferisch.

Konsequenzen zur Einsicht:
Das Sein als Bewusstsein Gottes.

Es entstand der Gedanke, dass alles was ist, auch das, was in unserem Bewusstsein ist, nur deshalb ist, weil es in Gottes Bewusstsein ist.

Wir erkennen also die Dinge, die im geistigen Bewusstsein Gottes sind, die Gedanken Gottes, in unserer Schau als real, so wie wir eben die Schöpfung zu erfahren meinen.

Ist der ganze Kosmos vielleicht nur eine Vorstellung des großen Gottes, und unser Geist und unser Bewusstsein erkennt ihn als „real", was wir so real heißen?
In der Sicht Gottes ist er geistig und in unserer Sicht ist er materiell.

Gott als unser und aller Dinge Schöpfer hat alles im Geist geschaffen, so dass wir sie (die Dinge) als reales Geschaffensein erkennen, aber sie sind im Letzten, im Absoluten, also im Wahren, im Geist Gottes.

Unter dieser Vorstellung müssen wir ganz neu denken. Aber ist dieser Gedanke nicht ein ganz einfacher und Gott angemessen?

Gottes Geist und Bewusstsein hat alles geschaffen. Insbesondere hat er uns als Menschen geschaffen, ebenbildlich zu ihm mit einem eigenen Bewusstsein ausgestattet. Dies gehört zu dem, was unsere Größe ausmacht und uns eine Freiheit verleiht, die auch in der Lage wäre, Gott selbst zu widersprechen.

Schöpfung als Bewusstsein Gottes unter dem Aspekt der Zeit.

Nehmen wir an, es gibt auf einem Stern, welcher 1000 Lichtjahre entfernt ist, einen Menschen wie wir. Er möge zeitgleich mit uns sein. Das soll heißen, er ist und lebt jetzt, so wie wir jetzt sind, so wie unser Nachbar ist. Nur ist er weit entfernt.

Nehmen wir weiter an, wir könnten, theoretisch jedenfalls, miteinander sprechen. Wenn wir ihm etwas sagen, ihm eine Nachricht übermitteln, so wird die Übertragung wegen der maximal möglichen Geschwindigkeit, der Lichtgeschwindigkeit, mindestens 1000 Jahre benötigen. Er wird die Nachricht nicht erhalten, da er dann bereits verstorben sein wird. Und auch wir werden bis zu unserem Tod keine Antwort erhalten. Wir werden alle nie etwas von einander wissen, obwohl wir alle sind.

Gibt es unter diesen Bedingungen überhaupt eine Gleichzeitigkeit?
Wenn man alles Sein auf den gleichen Anfang, nämlich den Urknall vor 13,8 Milliarden Jahren bezieht, dann kann man auch von Gleichzeitigkeit sprechen. Man hat ein Maß, einen Nullpunkt, und eine Zeit, welche sich gleichmäßig für alle und alles in eine Richtung fortbewegt.

Es gibt Gleichzeitigkeit, aber nichts und niemand kann sie erfahren. Alles, was wir von unserem Nachbarn erfahren, ist immer aus seiner Vergangenheit. Aus diesem Grunde schon könnte man annehmen, dass jeder für sich alleine ist. Ein jeder ist einzigartige Person, abgegrenzt von allen anderen, ist eine eigene Identität. Dies trifft zu auf diese Welt, die Welt in der wir sind unter den Bedingungen von Raum und Zeit.

Andererseits kann niemand alleine existieren. Kein Mensch wäre ohne andere Menschen.
Der Mensch ist nur, weil es die Menschheit gibt, den Adam.

Es ist also eine Frage der Nähe. Wenn wir so weit auseinander sind, dass wir nichts voneinander erfahren, dann ist es so, als ob wir nicht existierten. Denn ohne Menschen der Nähe könnten wir nicht sein.

Deshalb schon können wir nur sein, wenn wir im Bewusstsein Gottes sind, der Nähe schlechthin, der Nähe des Schöpfers. Schöpfung heißt: in nächster, unmittelbarer Nähe sein.

Es gibt den absoluten Geist, der diesen Bedingungen nicht unterworfen ist, sondern diese Bedingungen beherrscht und gestattet hat.

Dieser Geist ist raum- und zeitfrei. Er steht über Raum und Zeit, die er ja geschaffen hat. Dieser Geist ist immer und überall. Diese Vorstellung sprengt unsere Vorstellungskraft, die wir nur in Raum und Zeit sind und denken können. Allerdings ermöglicht es auch unsere Geisteskraft, welche ein Abbild des absoluten Geistes ist, die Grenzen ein wenig zu lüften, oder aufzusprengen, und in eine solche Dimension phantasievoll hinein zu meditieren, und eine Ahnung hervorzurufen, die zwar schwindelig macht, aber dennoch ahnungsvoll denkbar wird.

Die Raum- und Zeitfreiheit ist eine notwendige Bedingung Gott zu denken.
Unter dieser Freiheitsbedingung, die nur ein Teil der absoluten Freiheitsbedingung Gottes sein kann, wird es anschaulich, dass Gott allüberall und jederzeit mit allem Sein (dieser und vielleicht anderer Welten) in unmittelbarem Kontakt ist. Ja, wir müssen noch darüber hinaus denken: Gott ist nicht nur unmittelbar präsent in der Zeit der Gegenwart, sondern auch in Vergangenheit und Zukunft. Er ist schon dort, wo wir erst noch hinkommen werden. Prädestination erfährt hier eine neue Perspektive und Interpretation.

Das, was allen Wesen und allem Sein dieser Welt unmöglich ist, nämlich mit irgendeinem anderen Sein in unmittelbaren Kontakt zu treten, ist über Gott, den Geist Gottes, und nur über Gott, dennoch möglich.
Denn Gott ist in jedem Menschen unmittelbar, da der Mensch in Gottes Bewusstsein ist. Dieses Netz verbindet.

Dies aber erfordert vom Menschen den Glauben an Gott.
Gott hat den unmittelbaren Kontakt zum Menschen und über ihn hat jeder Mensch die Möglichkeit daran zu partizipieren, über alle Zeiten und Räume hinweg. Das ist der Grund, weshalb wir auch mit den Verstorbenen in Kontakt kommen können, ja auch mit den

zukünftigen Generationen. Daher auch unsere Verantwortung dafür.

Dies bricht auch die Grenze des Individuums auf, die ihn auf sich selbst zentriert und ihn abschottet gegenüber allem anderen. Auch hier gilt: Die Voraussetzung ist der Glaube an diesen Gott, der über allem steht, da er alles geschaffen hat, und damit mit der in seiner absoluten Freiheit innewohnenden Allmacht, alles möglich machen kann.

Wie kann man diesen Gott und diese Welt, deren Dimensionen unsere Grenzen sind, zusammen denken, und zwar im Licht unserer Vernunft?
Dass diese unsere Vernunft unzureichend ist, ist keine Frage. Aber dennoch müssen wir davon ausgehen, dass sie Vernunft von der absoluten Vernunft Gottes ist, und wir somit nicht ganz falsch liegen können, bzw. es erlaubt sein müsste, im Lichte unserer Vernunft auf eine Resonanz zu stoßen, in der unser Geist im rechten Maß des großen Geistes zu schwingen beginnt.

Einsicht:
Es ist der Geist Gottes, in dessen Bewusstsein sich das Sein der kosmischen Welt, also der Schöpfungsort, einschließlich der Schöpfung des Lebens und der Erschaffung des Menschen, darstellt und entwickelt.

Alles, was ist, ist deshalb, weil es Bewusstsein Gottes ist.
Und das Bewusstsein Gottes ist der Geist Gottes.

Vorher-gesehen.

Der Eine – vor und in der Schöpfung.

Alles was ist (in der Schöpfungswelt), konnte vorher schon gesehen (vor-gesehen, vor-erkannt, vor-gewusst) werden, - und zwar von Einem, der vorher weiß, was nachher ist, - von Einem, der machen kann, was er will.

Die Schöpfung, das Sein der Schöpfung, die im Bewusstsein Gottes (aus unserer Sicht als Möglichkeit) immer schon wirklich ist, wird im Bewusstsein des Menschen erneut geschaffen, wieder-erkannt.

Schöpfung bedeutet Menschwerdung des Menschen.
Die Menschheit erlebt in ihrem Bewusstsein die Schöpfung ihrer selbst innerhalb ihrer Umwelt.

Jeder einzelne Mensch erfährt seine eigene Schöpfung, seine eigene Menschwerdung innerhalb der Menschwerdung der Menschheit, das heißt er erlebt sie „mit allen seinen Nächsten", innerhalb seiner Nächsten und auch durch seine Nächsten.

Dies alles findet im Bewusstsein Gottes statt.
Das Werden und das Sich-bewusst-werden des Menschen ist ein Zeitvorgang innerhalb des zeitlosen, und immer schon vorher-vollzogenen und vor-bewussten Bewusstseins Gottes.
Zeit in der Zeitlosigkeit? Wie das?

Trotz Zeitlosigkeit liegt in der Allmacht Gottes auch das Erleben eines Geschehens. Gott ist nicht zeitlos, sondern überzeitlich. Ansonsten wäre in Gott nur ein ewiger, erstarrter Endzustand.

Die Überzeitlichkeit bedeutet das „Überwissen" (Allmachtswissen) eines jeglichen Zustands eines Ablaufs eines Geschehens, sowie das Verhältnis dessen zum Endzustand. Aber ein Endzustand wird es so nicht geben, denn es gibt kein Ende. Es ist immerwährende Freude als Zielgeschehen.

Es sieht aus als ob Zeit ein Geschehensablauf mit prinzipieller Unmöglichkeit des Wissens des Ablaufzustands des Geschehens bedeutet. Dies ist aber keine Eigenschaft der Zeit, sondern ein Unvermögen eines Bewusstseins eines Beteiligten oder Beobachters. Insofern sieht das göttliche Bewusstsein voraus, was das menschliche Bewusstsein mit der Zeit erfährt.

Ebenso wie mit der Zeit ist es mit dem Raum. Gott ist überzeitlich und überräumlich.

Das Sein der Schöpfung erfolgt aus der Überzeitlichkeit in die Zeit.
Die Schöpfung ist demnach ein Versetzen eines all-umfassenden Potenzials aus der Gegenwärtigkeit einer zeitlosen Wirklichkeit (Gottes) in eine Raum-Zeit. Schöpfung ist „Um-setzen". Das „Um-setzen" bedeutet verwirklichen in einer anderen Dimension als der Dimension Gottes. Damit verbunden ist die Teilmaterialisierung des vorher nur Geistigen. Aus einer Geist-Leiblichkeit wird eine Geist-Körperlichkeit.

Schöpfung erfolgt im Bewusstsein Gottes, in welchem sich auch der Mensch als Geschöpf befindet, und in das ihm Gott Einblick gewährt.

Gott gewährt ihm Einblick in das Geschehen der sich entwickelnden Schöpfung mit ihm, dem bewusstseinsentwickelnden, werdenden Menschen, der Einblick in ein Geschehen des Werdens seines Wunder des Seins erhält!

Staunen und Dankbarkeit und Lobpreis!
Wie aber ist die Reaktion des Menschen?

Es war möglich. In zweifacher Hinsicht.
Alles was möglich ist, ist in Gott, dem Einen, in der Möglichkeit bereits wirklich. Es bedarf der Sicht eines Einen, der alles in der Möglichkeit wirklich sieht. Es wird von Einem gesehen: Die Schöpfung als Wille Gottes.

Ob es auch von anderen gesehen wird, hängt davon ab, ob andere von dem Einen vor - gesehen sind.
Die anderen, das sind die Bewusstseinsträger, Menschen, die auch vor-gesehen sind und die sich in ihrem Werden erkennen können.

Der Eine ist der Träger und der Bewahrer aller Möglichkeiten. Der Eine ist in der Wirklichkeit aller Möglichkeiten.

Der Urzustand der Wirklichkeit ist die Möglichkeit (des Seins).

Der, der alle Möglichkeiten trägt, hat auch die Macht, alle Möglichkeiten Wirklichkeit werden zu lassen. Er hat die Macht der Wandlung vom Möglichen zu einem spezifisch Wirklichen, der Schöpfung, der Verwirklichung.

Das Wirkliche ist die Ermöglichung und Verwirklichung der Einsicht des Möglichen (in das Mögliche) durch den Einen für einen geschaffenen Geist (einen zur Einsicht fähigen), eine Gabe an einen zur Einsicht Gegebenen, Geschaffenen (Menschen). Der Mensch ist geschaffen zur Einsicht (in das Geheimnis des Seins).
Es ist Gnade.

Von hinten gesehen:
Da es Wirklichkeiten gibt, gibt es Möglichkeit. Da es Möglichkeit gibt, gibt es den Träger der Möglichkeit. Der Träger ist als creator (ex nihilo) schöpferisch, wandlungsmächtig (aus dem Nichts zum Sein), allmächtig. Der Träger ist nur gut, das heißt er ist vollkommener Bewahrer und Beschützer, denn ansonsten wäre er nicht. Wenn er nicht vollkommen gut wäre, wäre er nicht der Bewahrer des Seins, denn es ginge Sein verloren.

Er ist absolut frei. Er tut, was er will. Er will nur das Gute. Nichts hindert ihn. Er ist in sich selbst gebunden, indem er nur gut ist als Bewahrer des Seins. Er liebt das Sein.
Das *ist* seine Bindung, sein Wille und seine (an die Liebe gebundene) Freiheit.
Er konstituiert so das Vor-Bild des Menschen.

Die Schöpfung der Welt und des Menschen ist die Verwirklichung der Möglichkeit Gottes in seinem Bewusstsein. Er schafft den Menschen als einen, der in Gottes Bewusstsein, in unmittelbarer Nähe Gottes, sich und Gott erkennen und erleben darf.

Vor-sehung im Bewusstsein Gottes.

Wir sind vor-gesehen.
Alle Menschen, die je waren, sind und sein werden sind vor-gesehen!
Wir sind in Gott, in Gottes Schöpfung.
Ein jeder erwächst aus der Möglichkeit Gottes in die Wirklichkeit des Lebens in dieser Welt und verlässt die Welt wieder. Wohin? – In die unmittelbare Nähe Gottes, in das Reich Gottes.

Alle Schöpfung innerhalb der RaumZeit ist in Veränderung und Wachstum.
Die RaumZeitWelt ist als eine solche im Bewusstsein Gottes.

Nicht: Es geschieht, was vorgesehen ist. Nicht kausal.
Vielmehr: Was geschieht, ist immer schon vor-her-gesehen.

Alle Zukunft geschieht, weil sie voraus-gesehen wird.

Der Mensch ist frei.
Auch wenn ich es jetzt noch nicht weiß, so kann ich mich dennoch in Freiheit wandeln und umkehren. Das Bewusstsein Gottes weiß es schon, wie ich mich verhalten werde. Denn er sieht alles und immer. Er ist schon dabei. Ich sehe erst danach. Ansonsten könnte ich keine Freiheit ausüben. So ist die vielgeschmähte Zeit eine Bedingung der Möglichkeit von Freiheitsentscheidungen innerhalb der Vor-sehung.

Das was geschehen ist, müssen wir noch nachvollziehen. Es ist bereits geschehen im Bewusstsein Gottes. Unser Handeln geschieht im Bewusstsein Gottes. Es geschieht aber nicht, weil es vorgeschrieben ist, sondern weil es geschieht, und auch mit und durch uns als Freiheitswesen geschieht.

Gott weiß den Lebenslauf eines jeden Menschen. Der betreffende Mensch wird ihn erleben. Er wird sich in ihm erfreuen, aber auch ihn erleiden.

Die Vor-sehung Gottes für den Sohn, - Jesus.

So war es auch bei Jesus als Mensch.
Wir müssen unsere Vorsehung, die wir unter anderem selbst mit-verursachen, erleben und erleiden.
Wir sind schon erlöst, aber wir müssen unsere Schuld erleiden, die Schuld innerhalb der Schöpfung.

Jesus erleidet nicht seine Schuld, sondern die Schuld aller anderen, die Schuld der Schöpfung.

Jesus vollzieht, was sich vollziehen muss, was vorhergesagt ist, und gleichzeitig sagt er vorher: „Ehe der Hahn kräht ..." Jesus weiß es als Gott-Mensch, als Menschen-Sohn.

Gott ist bewusst, was geschehen wird, und dennoch muss er es als Mensch noch erleiden.

Was tut Jesus? Was bedeutet sein Auftreten?
Er lehrt das Volk. Er erzählt vom Reich Gottes, vom Leben über den Tod hinaus.
Er wird vom Vater bezeugt.
Er ist der Zeuge Gottes.
Er überzeugt durch sein Auftreten und durch Wunder und bezeugt seine Allmacht.
Er fordert und vergibt.
Und letztlich wird er als Unschuldiger zum Tode verurteilt, ans Kreuz genagelt und hingerichtet.
Er erleidet als Gerechter den Tod zur Vergebung aller Welten Schuld und zur Befreiung und Erlösung des Menschen.
Und er steht wieder auf von den Toten.
Er ist der Grund des Glaubens der glaubenden Menschen, der Kirche der Christen.
Das alles ist Gottes Vorsehung für den Sohn Gottes als Mensch.
Er tut es, in Freiheit.

Es ist vor-gesehen, es geschieht, es ist vollbracht.

Wir sind vorher-gesehen als Sünder.
Wir sind Mensch geworden, um erprobt und gerichtet zu werden, gerade gerichtet. Das macht unsere Größe aus. Wir sind dem Bösen ausgesetzt gewesen. Die Engel haben keine Wahl als nur gut zu sein, gehorsam zu sein.

Gott wurde Mensch. Auch er wurde versucht (erprobt) und erwies sich als vollkommen unschuldig. Er nahm alle Schuld aller Menschen (in Vergangenheit, Gegenwart und Zukunft) auf sich. So wurden alle Menschen entlastet.

Die Summe der Schuld der Schöpfung steigert sich nochmals (gewissermaßen verstockt beharrend, repetitativ) in der Verurteilung des Gottessohnes und seiner Hinrichtung.

Alle Schuld kumulierte gleichnishaft in einer maximal denkbaren Schuld der Verurteilung und Tötung des Unschuldigen an sich. Wahrhaft ein Sündenbock!

Die Menschen möchten sich selbst befreien, indem sie ihre Taten jemandem aufbürden, und ihn hinausjagen. Das ist dann allerdings die größte Untat. Noch unverschämter scheint sie allerdings dadurch zu werden, da sie in einem rituellen Akt, also in scheinbar gottgefälliger Weise, gewissermaßen unter Weihrauch geschieht.

Mir geschehe nach deinem Willen.
Ich glaube.

Vor-gesehen und an-gesprochen.
Zurück geblickt und geantwortet.

Die Schöpfung als Drama im Bewusstsein Gottes.

Gott hat in seiner Schöpfung ein Schauspiel, eine Oper, ein Drama, ein Gesamtkunstwerk geschrieben, und in diesem Kunstwerk spielen wir Menschen eine entscheidende Rolle - jeder Mensch.

Der erste Akt ist das Paradies mit der Erschaffung der Welt und des Menschen, Adam und Eva. Das Paradies war außerhalb des Kosmos. Bevor Raum und Zeit begannen.
Wer weiß?
Der erste Akt mag in Wahrheit ein mythischer Akt sein, welcher den eigentlichen zweiten Akt zusammenfasst.

Der zweite Akt ist der Kosmos der „Welt". Das eigentliche Drama.

Der dritte Akt ist die neue Welt (die neue Stadt Jerusalem), die Transformation oder Himmelfahrt nach Tod und Gericht eines jeden. Siehe, ich mache alles neu.

Der erste und der dritte Akt sind außerhalb des Kosmos. Sie sind also außerhalb unserer Erfahrung,

außerhalb von unserer Vorstellung von Raum und Zeit. Haben sie überhaupt einen Raum und eine Zeit?
– Ja, denn es ist ein Geschehen, ein actus. Und dieser erfordert einen Ort und einen Ablauf. Es ist rein geistiges Geschehen. Wir können es nur ansatzweise denken. Es ist überzeitlich und überräumlich.

Zum zweiten Akt: Er ist und schildert gewissermaßen eine Raum-Zeit-Blase innerhalb der göttlichen Weise zu sein, der Dimension Gottes. Dieser Akt spielt im (besser: ist) Bewusstsein Gottes (des Sohnes?). Das, was wir „realiter" erfahren und erleben, ist in Wahrheit Bewusstsein Gottes. Diese Kosmos-Blase innerhalb der Dimension Gottes, dieser Bewusstseinsakt Gottes, bedeutet die Rettung des Projekts Mensch.

Danach wird diese Blase, diese menschliche, irdische Wirklichkeit platzen, denn sie ist nicht lebensfähig, sondern verseucht. Aber sie ist der göttliche Rettungsballon für den Menschen. Für die Menschheit ein grandioses Schauspiel, aber ach, ein Schauspiel nur, wie es sich am Ende für jeden Menschen herausstellt. Allerdings nach der Katastrophe erwartet uns die reine Wahrheit, nichts als die Wahrheit. Das Zelt Gottes für den Menschen.

Ecce tabernaculum dei cum hominibus. Seht das Zelt Gottes unter den Menschen.

Wir spielen nicht die Personen des Schauspiels, wir sind sie. So wie ein guter Schauspieler seine Rolle nicht spielt, sondern so in ihr aufgeht, dass er diese, seine Rollen-Person ist.

Die ganze Schöpfung Gottes findet auf der Bühne Gottes, in seinem Bewusstsein, statt.

Sie spielt sich ab in der Zeit der Aufführung. Sie hat einen Anfang und ein Ende. Die Bühne ist der Raum der Ereignisse. Sie ist zunächst nur ein Minimalpunkt, der sich aber beständig ausdehnt und in diesem wachsenden Raum entstehen die Dinge und endlich das Leben und der Mensch auf die gleiche Art und Weise: Zunächst von einem fast Nichts hin zu Wachstum und Überschwang.

Es ist unsere Aufgabe, unsere Rolle so zu spielen (zu sein), wie sie sein soll.
Uns ist eine Rolle im Sein geschenkt.
Wir müssen werden, der wir sind. Wir sollen uns immerwährend unserer Rolle hingeben.

Wie Jesus seine persönliche Vorsehung (er sah in sich, was durch ihn geschehen sollte) vollkommen erfüllte, so sollen wir unsere Vorsehung, unsere Rolle, unser Idealsein, sicherlich nicht vollkommen, aber bestmöglich, erfüllen. Unter den Bedingungen der Welt und unseres Sünder-Seins in der Erbschuld sind wir immer Sollende. Unser Schicksal ist immer das des Sisyphus, allerdings in Freiheit.
Und wir bedürfen der Erlösung hiervon, von unserer Mitschuld.

Die Welt ist so, weil sie die Unschuld der Schöpfung verloren hat.
Warum auch immer. Der Mensch ist Teil der Welt und hat einen Anteil an der Schuld. Aus einem Ereignis vor der Welt ist die Welt so geworden, wie sie ist. Die Tore des Paradieses sind nach der Vertreibung des Menschen hieraus zugeschlagen. Dies war der „Urknall" der Schöpfung der Welt. Es startet die „Evolution der Welt".

Die Welt, wie sie ist, hat gegenüber der ursprünglichen Schöpfung eine Dimension verloren. Sie ist jetzt seit 13,8 Milliarden Jahren der RaumZeit-Kosmos. In dieser Welt hat das Böse eine Dimension. Die Schöpfung hat das Ideal verloren. Alles ist einem Werden unterworfen, das aber nicht gelingen kann. Dennoch muss ein jeder es versuchen, er soll es. Ein jeder wird scheitern. Aber es muss geschehen. Und wir müssen es erleiden. So ist es. Gott wird eingreifen und die verloren gegangene Dimension zurückholen. Zu diesem Zweck wird alles sterben müssen, um neu geboren zu werden.
Die Menschwerdung des Menschen (Adam muss werden, der er ist) gelingt nur durch die Menschwerdung Gottes innerhalb des Kosmos.

Alles in dieser Welt, insbesondere der Mensch als das höchste Wesen hier, findet sich vor mit dem Geschenk des Seins. Zwar sind wir erheblichen Einschränkungen unterworfen. Dennoch ist das Leben schön. Es gibt die guten und die bösen Seiten des Lebens. Wir wollen es nicht verlieren.

Der Verlust ist das, was die Welt kennzeichnet.
Ein Trauma. Das Trauma des Verlustes einer Dimension, ein Seinsverlust in den der personifizierte Zerstörer, der Gewinner des Seinsverlusts eintritt. Er ist immer anwesend, in allen Teilen der Schöpfung des Kosmos.

Der Mensch hat etwas verloren, und das, was wir jetzt haben, werden wir auch noch verlieren. In dieser Welt haben wir Angst. Angst wegen des vergangenen und des zukünftigen Verlustes.

Drei Untugenden regieren den Menschen: Habsucht, Ehrsucht, Selbstsucht.
Wir haben zu wenig. Wir gelten zu wenig. Wir werden zu wenig geliebt.
Es mangelt uns an Anerkennung und Liebe. Wir sind neidisch und eifersüchtig.
Dies sind verschuldete Mangelerscheinungen. Hieraus erwachsen weitere „Untaten" und „Schulden". Wir verstricken und verknoten uns. Es ist die Sünde.
Dies ist das Drama der Schöpfung.

Eitelkeit ist der Ausdruck der größten Bedürftigkeit des Menschen.
Die bunten Federn des Hahns kompensieren.

Die Großartigkeit der Schöpfung lässt Neid entstehen.

Die Schöpfung ist so großartig, dass der großartige Mensch den Schöpfer nicht nur dankend anerkennt und ehrt, sondern ein Aspekt des Neides und des Sein-Wollens wie Gott im Innersten des Menschen erwächst. Es wurmt der Wurm. Der Mensch verliert die Vollkommenheit seiner Schöpfung. Zynischer Weise liegt der Grund hierfür in der „Großartigkeit" der Schöpfung des Menschen, in seiner Gottesebenbildlichkeit.

Nur die Erkenntnis der Allmächtigkeit Gottes in der Liebe lässt den Menschen auf den Gedanken kommen, es Gott gleich zu tun. Aber dieser Gedanke ist „lieblos". Und deshalb widerspricht er dem Prinzip der Schöpfung, und damit muss dieser Gedanke des Selbstschöpfertums des Menschen scheitern. Er verbösert seine Schöpfung, und es beginnt sein Untergang. Die Schöpfung ist beschädigt.

Die anschließende Fortsetzung dieses Gedankens des Menschen und die beginnenden schlechten Taten, Sündenfälle, die resultierenden Verluste lassen das Drama immer größer werden. Die Abwärtsspirale kommt in Gang. Der Mensch wird statt mächtig ohnmächtig.

Die Menschwerdung Gottes als das „Heilmittel" für das Versagen der Schöpfung des Menschen (= der Schöpfung)

Gott wusste, dass er einen Menschen erschafft, der dieser Größe nicht gewachsen war. Er wollte ihn aber in der Größe. Deshalb wusste er auch, dass er selbst in Gestalt seines Sohnes den Menschen unter Erhalt seiner Größe von der Sklaverei seines Neides befreien musste. Er musste die Schuld der Menschheit wieder auf Null stellen. Er wollte sie nullen. Es war sein Wille. Alles Böse musste aus der Welt hinaus geschafft werden. Gott selbst musste sich opfern, denn nur er konnte es. Dazu musste er in die Menschheit hinabsteigen und unter ihnen sein, sich ihnen als Gottes Sohn, als Messias offenbaren, und sich von ihrer Bosheit, aber in totaler und vollkommener Unschuld „hinrichten" lassen: Das Medium Gottes für den Menschen! Das das Opfer zulassende Opfer als das fleischgewordene Medium der Ver-mittlung. Ein neuer Bund.

Jesus ist der Erstgeborene der Schöpfung. Der erste Schöpfungsakt Gottes (Zeugungsakt).

Die Welt ist eine Vorhalle zum Reich Gottes. In ihr sind die Schöpfung des Menschen und seine Bewährung als Freiheitswesen. Da der Mensch scheitert, wird die Vorhalle zum **Treffpunkt von Gott und Mensch. Gott steigt herab.** Gott richtet schon hier wieder gerade, was krumm ist.

Das Reich Gottes ist schon in uns, da es uns verheißen ist, und da wir glauben.

Zusammenfassung.

Bewusstsein ist das, was gedacht werden kann. Das Denken denkt sich selbst.

Einsicht: Alles Sein außer Gott ist Bewusstsein Gottes.

Metaphysisch:

Das absolute und vollkommene Bewusstsein ist das (Ur-) Bewusstsein, aus dem alles geworden ist: Gott als Person.

Gott ist das, worüber hinaus Größeres nicht gedacht werden kann. (Anselm v. Canterbury)

Das Sein setzt das Bewusstsein voraus. (Auch ein Gottesbeweis)
Bewusstsein ist vor dem Sein.
Sein kann nur aus Bewusstsein werden.

Nicht das Sein ist das Höchste, sondern das Bewusstsein.

Sein ohne Bewusstsein ist wie das Nichts:
Niemand weiß etwas. Niemand ist.

Das absolute Bewusstsein erschafft alles Sein.

Alles mögliche Sein ist im absoluten Bewusstsein Gottes wirklich.
Alles Sein ist abhängig vom Bewusstsein Gottes. Es ist aus ihm, durch ihn und in ihm.
Alles ist wirklich in Gott.
Wir sind wirklich in Gott.

Das Bewusstsein Gottes ist stets aktiv in vollziehender Freiheit: Der Garant des Guten.
Freiheit schafft das Gute, das nur Gute.

Schöpfung geschieht im Bewusstsein Gottes, und sie geschieht aus Liebe.

Denn Gott ist die Liebe.

Der Mensch ist „leibhaftiges" Bewusstsein im Bewusstsein Gottes.

Was der Mensch in seiner Welt der Schöpfung als real, materiell ansieht, ist im Bewusstsein Gottes (in Wirklichkeit) geistig.

Physisch:

Das Bewusstsein selbst ist denkendes Sein, sich selbst denkendes Sein.

Im Bewusstsein ist das, was uns bewusst ist, das, was wir kennen, wissen, denken können.

Wir können unser Bewusstsein auf etwas zu Denkendes konzentrieren. Auch was wir mit den Sinnen erfassen, ist in unserem Bewusstsein. Es ist uns bewusst.

Bewusstsein ermöglicht das Denken über einen Zustand, und das Denken, diesen Zustand zu verändern, zu verbessern, kreativ zu sein, etwas zu erschaffen.

Der Mensch kann dies in Grenzen mit Hilfe der Wissenschaften, die er „erdacht" hat, und die ihm den Zugriff auf die Realität ermöglichen.

Was nicht gedacht werden kann, ist nicht möglich. Es kann nicht sein. Alles was ist, alles Sein, kann gedacht werden, von einem Bewusstsein.

Bewusstsein ist erfüllt von der Wahrheit und dem Verlangen nach Freude durch sie.

Bewusstsein ist Voraussetzung zur Freiheit. Wir können, ja wir sollen uns bewusst entscheiden, nicht mehr instinktiv zum „artgerechten" Leben, sondern bewusst zum „guten" Sein und Leben.

Bewusstsein gehört zur Person.
Freiheit gehört zur Person.

Bewusstsein gibt es in unterschiedlichen Stufen. Es entwickelt sich im Verlaufe der Evolution in den Arten. Die Entwicklung ist nicht abgeschlossen, daher ist das menschliche Bewusstsein beschränkt.

Das göttliche Bewusstsein ist unbeschränkt. Gott denkt alles Sein. Er kann in alles Sein eingreifen, denn er hat alles Sein erschaffen.

Gott ist das Bewusstsein, über das hinaus kein größeres gedacht werden kann. Denn in ihm ist alles gedacht, was gedacht werden kann.

Kein Sein ist entstanden, ohne dass nicht das absolute Bewusstsein Gottes es gedacht hätte. Sein kann nicht sein, ohne das absolute Bewusstsein Gottes.

Sein geht aus Bewusstsein hervor. Umgekehrt ist es nicht denkbar.

Das Unzureichende geht aus dem Vollendeten hervor. Umgekehrt ist ein Aufstieg nicht möglich. Man weiß nicht von der Unzureichendheit, wenn man das Vollendetere nicht wüsste.

Alle Unvollendetheiten dieser Welt sind in einem aufsteigenden Prozess des Werdens zu dem Zustand ihrer Vollendung, dem Zustand, der für sie gedacht war, im Bewusstsein Gottes.

Das Böse ist im Guten, und nicht kann aus Schlechtem Gutes aufsteigen.

Das Gute ist in jedem Menschen. Daher kann niemand sagen, er wüsste nichts vom Bösen. Man weiß, dass etwas schlecht ist, da man vom Guten weiß. Es ist bereits im Bewusstsein.